梦想北大丛书

梦想北大

精华集 第二册

李喆 主编
北京大学招生办公室 组织编写

北京大学出版社
PEKING UNIVERSITY PRESS

图书在版编目(CIP)数据

梦想北大精华集. 第二册/李喆主编. —北京：北京大学出版社，2020. 8
（梦想北大丛书）
ISBN 978-7-301-30223-1

Ⅰ. ①梦… Ⅱ. ①李… Ⅲ. ①中学生 – 学生生活 – 文集②中学生 – 学习方法 – 文集 Ⅳ. ①G635.5-53

中国版本图书馆 CIP 数据核字（2019）第 001304 号

书　　名　梦想北大精华集（第二册）
　　　　　MENGXIANG BEIDA JINGHUA JI（DI-ER CE）
著作责任者　李喆　主编
责任编辑　巩佳佳
标准书号　ISBN 978-7-301-30223-1
出版发行　北京大学出版社
地　　址　北京市海淀区成府路 205 号　100871
网　　址　http://www.pup.cn　　新浪微博: @ 北京大学出版社
电子信箱　zyjy@pup.cn
电　　话　邮购部 010-62752015　发行部 010-62750672　编辑部 010-62754934
印 刷 者　大厂回族自治县彩虹印刷有限公司
经 销 者　新华书店
　　　　　650 毫米 × 980 毫米　16 开本　17.5 印张　228 千字
　　　　　2020 年 8 月第 1 版　2020 年 8 月第 1 次印刷
定　　价　48. 00 元

“梦想北大丛书”编委会

校长致辞

1000 多年前，大学诞生于中世纪的欧洲，从此成为影响和改变世界的重要力量。人类在历史上形成的知识和思想汇聚于此，对于未来的系统思考和探索也肇端于此。

120 多年前，北京大学的前身——京师大学堂成立于救亡图存的变革中，标志着中国现代大学制度的开端；100 多年前，北京大学成为新文化运动与五四运动的中心与策源地。从此北大就与国家民族的命运紧密相连。一代代北大人不忘初心，牢记使命，用思想和行动，投身于民族复兴、社会进步的历史伟业。

今天，风华正茂的你们即将对自己的未来做出郑重的选择。北京大学正是你们一直向往和憧憬的那座学术殿堂，因为北大是一所与众不同的大学，具有无与伦比的感召力。

这是精神的感召。120 多年来，北大形成了爱国、进步、民主、科学的光荣传统。北大始终站在时代前沿，矢志兴学图强，引领风气之先，集中体现在一代代仁人志士和优秀知识分子的赤诚爱国精神与使命担当。曾在北大工作过的陈独秀、李大钊、毛泽东等一批中国最早的马克思主义者，创立了中国共产党，从而缔造了新中国。从沙滩红楼的青春呐喊、红色火种，到未名湖畔的“团结起来，振兴中华”，北大人为民族独立和国家富强做出了不可替代的贡献。

这是文化的感召。北大有着极其厚重的学术文化积淀，又有着挺立潮头的文化创新品格。李大钊先生说：“只有学术上的发

展，值得作大学的纪念。只有学术上的建树，值得‘北京大学万万岁’的欢呼！”做第一流的学术，这是北大永远的追求。中国第一台百万次集成电路大型电子计算机、第一次人工合成结晶牛胰岛素、大陆第一例试管婴儿、第一套汉字激光照排系统等，这些“第一”都根植于北大创新文化的土壤。北大还汇聚了一大批学术大师、文化巨匠，这些都是我们创办世界一流大学的财富与根基。

这是人格的感召。鲁迅先生说过：“北大是常为新的，改进的运动的先锋，要使中国向着好的，往上的道路走。”蔡元培老校长以卓越的眼光推动改革，奠定了中国现代大学的理念与精神；屠呦呦校友以坚韧不拔的意志，创制新型抗疟药“青蒿素”，挽救了全球数百万人的生命，成为第一位获得诺贝尔科学奖项的中国大陆科学家；孟二冬老师坚持“板凳要坐十年冷，文章不著一字空”，他病倒在援疆的讲台上，直到生命最后一刻还在牵挂着学生。一代代先哲在时代洪流的洗礼与北大熔炉的淬炼中，放射出持久的光芒，陶铸出人格的典范，如月映万川般滋养涵育着每一个北大人。

一时有一时的趋向，一校有一校的风尚。无论时空如何变迁，对于一所大学而言，精神、文化与人格所构成的传统，都是不变的。北大是极广大的，她开放包容，连接着民族的过去和将来，沟通着中国和世界，展现出海纳百川的气度，每个有志青年都能在这里找到适合自己发展的方向和路径，开辟出崭新的人生境界，书写出属于你们自己的北大传奇。

“过去未去，未来已来。”教育的意义在于让受教育者在面向未知的世界时，为生命的展开找到支点。北大是你们求知的圣地、发展的舞台，是你们前行的动力、坚强的支撑。充满好奇心和求知欲的你们，将在这里体验探索未知、创造新知的快乐。

2018年5月2日，习近平总书记在北大考察时，向青年学生提出了“爱国、励志、求真、力行”的希望，这将激励你们努力成长为“德才均备，体魄健全”的社会主义建设者和接班人。亲爱的同学们，北大敞开怀抱欢迎你们！我们在北大等待着你们！

目 录

1 / 坚持，在每个日日夜夜

坚持，是高中三年令我感触良多的一个词语，它的背后，有多少艰辛和泪水，多少苦痛和付出，而它所指引的，却是一条荆棘遍地而前路光明的道路。坚持是我们终其一生都要去学习和领悟的课题，在高中的每个日日夜夜，是坚持让我在风雨兼程的路上，始终能朝着远方，无畏前行。

11 / 厚积薄发 从容自信

高三一年要经历大大小小几十次考试，没有人能够在每次考试中都取得十分满意的成绩，只有保持一颗平常心，才能从容应对频繁的考试和成绩的起伏。

23 / 闯练，闯练

做事情最忌讳的就是心急，所谓“心急吃不了热豆腐”，无论是简单的加减乘除，还是复杂的解析几何，我们都要有耐心，踏踏实实地做完。简单题目急做，很有可能会犯 2+2=8 这样的低级错误；困难题目急做，结果很有可能拍案而起，愤然离席。很多问题都出在缺乏耐心上。

33 / 我的学习经验

提高效率最好的方法是制订计划。制订计划时一定要根据自己的实际情况，不能高估自己的能力，排得太满而失去可行性，打击自信心；也不能排得太宽松，没有激励的意义。制订好计划

以后，要严格记录完成情况，并在一段时间后检查效果。

41 / 总结与思索

挫折是每个人都会遇到的，但关键在于要学会面对。比如某件事情做错了，或者某次考试没有考好，这些挫折存在的意义是为日后的学习和生活敲响警钟，而不是让人畏葸不前。所以遇到挫折，分析原因，让它对之后的学习和生活起到积极的促进作用，这才是最明智的做法。

49 / 习得

真正富有的人是掌握得了自己的时间的人。记清要干的事情是掌控时间的基础，可以的话最好准备一个记事本。对于时间规划，一定要注意要事第一，把最重要的事情先排先干，抓住主要矛盾。计划表要简明扼要且实在易行，定时定内容，同时留出灵活机动的余地。

61 /“中庸”的学习

老师所制订的学习方案，可以说适合大部分同学，但对个人来说却可能并非是完美的。因此，在处理“老师节奏”与“自我步调”平衡的问题上，我的经验是，以老师给出的学习方案为基础，依照自身的实际情况加以修正，打造出属于自己的独一无二的“个性化”学习方案。

71 / 对高中学习的几点建议

在积累期，知识学习方面，要注意打好基础，不钻研难、偏、怪题，要重视平时的测试，但也不要过分计较考试分数的高低。要多做各种类型的题目，多总结解题方法，最好能将各部分知识联系起来，做到触类旁通。解题能力的培养绝不是靠题海战术，而是靠多思考、多总结、多实践。

81 / 从目标谈起

我们不能因为他人可能会超过自己而不去分享自己的知识、经验以及方法，这种自私的想法最终会害了自己。一个人能走得很快，但一群人才能走得很远；一个人的智慧是有限的，互相帮助才能共同进步。

91 / 拾级而上，领略无限风光

随着心态和眼界的变化，目标也在不断地进行调整，也许这样的方式更适合我。在追梦的平凡之路上，我不怕走弯路，因为我知道世界上没有白走的弯路。我在平凡之路上邂逅我的梦想，邂逅我的未名湖，邂逅我的元培学院。

101 / 平凡之路，且听风吟

一路平淡，一路平凡，没有多么出彩，却一直坚持着自己的信念，变得更加坚强、更加勇敢。十二年来，我汲取了数不尽的知识，获得了独立思考、判断是非的能力，这也让我变得更加自由。

111 / 你就是那夜空中最亮的星

如果想达成最终的目标，就有必要把目标细化成许多分散的部分。我把自己的目标分成长期目标和短期目标。所以，如果我想要上北大，想要选一个自己喜欢的专业，从现在起就必须规划我每天的生活，细化到我做的每一件事情都必须对提高我的高考成绩最有利。

119 / 我的高中

的确，如果我们因一时的进步就想着保住自己这次得到的优势，就会在面对题目时患得患失，不敢轻易下手，亦不敢轻易放弃，从而使自己在考场上的心态受到极大影响，自然会遭受极大的退步。较好的做法是无论之前取得什么样的成绩，都将其忽

略，保持进攻姿态，只想着像一个战士一样发挥出自己全部所长，去争取自己可能拥有的最大胜利。

127 / 因为梦想，所以坚持

我们都是追梦的孩子，为了心中的梦想，不惧风雨、不畏艰难，只愿依靠自己的力量，一步一步地往前走，期待着离梦想更近一点，再近一点。

135 / 那些年磨炼的心态

与身边拼命刷题的同学相比，一些并不适合搞题海战术的同学就要放正心态，切勿盲目跟风。每个人的学习方法不一样，学会在众人中保持自己的节奏，也是一种稳定良好的心态。

147 / 蓦然回首，重温那些过往

高三的确有压力，高考的确残酷。然而，这也是人生难得的一次历练。上天厚爱我们，给我们安排了一年特殊的人生之旅。走过了高三，我真的发现自己学会了很多，也成长了很多。希望学弟学妹们也能用一种平和稳定的心态去看待高三，去挑战高考，让自己的心里充满阳光。

157 / 高中之美

高中生活，学习虽然是主流，不过在学习之余也可以多参加一些学校组织的集体活动。这样不仅可以锻炼自己的胆识，加深与同学们的友谊，还能使自己用更清醒的头脑去学习。

167 / 博雅柳影　未名做伴

如果你是一条鱼，就要有向往大海的愿望；如果你是一匹马，就要有驰骋疆域的梦想；如果你是一只鹰，就要有开拓天际的想象。遇到困难时想想，被胜利冲昏了头脑时想想，我们必须明白自己是谁，要做什么。

175 / 书山有路

俗话说：百闻不如一见，百看不如一练。在平时，要在做题中寻规律、找方法、清思路、提能力。在高考的“厮杀”中，如果没有成百上千道题的训练，那么想要取得好成绩基本上是不可能的。做练习也就相当于课后的复习。多做多练，打好基础，才能更好地把学习弄精。我在高中的时候，不知做了多少题，所以，我敢说，题做百遍，其义自现。

185 / 静以致远，恒以取胜

先说静吧。做数学题，心静是一条捷径。只要真正将心中的杂念清空，全力以赴去解题，数学其实并不难。静还意味着不急躁，数学学习是一个长期的过程，不是说今天做几个题，明天就会看到效果。所以在看不到进步的时刻，就更需要用一颗平静的心去面对暂时的瓶颈。只有心静，你才不会患得患失，才有再走下去的动力。

191 / 仰望星空，脚踏实地

为解决考试焦虑的问题：第一，要做到相信自己；第二，要制定合理的目标；第三，考场上要专心于试题，不要再分心思考其他问题；第四，要铭记“用平常心，得正常分”，不要去幻想超常发挥；第五，自嘲“如果这次真的考砸了，下次进步空间会更大”。这些方法帮助了我，希望它们也能够帮助学弟学妹们。

199 / 一个人的选择，一个人的战争

当大脑和内心产生激烈的矛盾与冲突，当一路向前的豪情壮志遭遇埋首学海带来的身心俱疲，当神圣的北大梦在现实的磕碰下显得不堪一击，我反复告诉自己要内心强大，这是生活对自己的考验，痛苦总是暂时的，总会有守得云开见月明的那一天。

205 / 用奔跑的速度丈量青春的路

在人生的时间轴上，三年，实在是很短很短。但是，不能仅用时光的长短来衡量岁月的价值。短短的三年，我们用理想点燃自己，让青春像烈火般燃烧。我们知道一寸光阴一寸金，所以我们用奔跑的速度去丈量成长的路。

211 / 努力让自己无悔

无论口号喊得多么响亮，落实到行动上才是最重要的。每当实行计划的时候，不要给自己找任何理由，就算是天塌下来了，也得先做完预先安排的任务。其实只要你开始去做了，就会发现实行起来没有那么困难。

219 / 以梦为马，奔向北大

理想不是挂在嘴边就可以实现的，需要你将它种在心田，用心浇灌，还要敢于去迈出那关键时刻的一步。可是，有多少人在追梦的路上还没起步就已放弃。我们总以为自己在向残酷的现实妥协，殊不知是在向懦弱的自己妥协。

227 / 分享喜悦

自学，它的重点不仅在于学到知识，更重要的是自己去选择学习的内容和方式，去安排、规划学习的进度和时间，去督促自己完成特定的目标，然后你就能够成为自己真正的学习支配者。

237 / 追梦三忆

其实各种因素造成的学习状态起伏都是很正常的现象，我们可能做不出难题、背不过课文，甚至听不懂老师讲课，而且由此带来的负面情绪可能会进一步影响自己的状态。然而“用行动带动状态”这句话或许可以启示我们，与其花很多时间恼怒、抱怨，并让不好的状态一次又一次地破坏自己的心情，不如放平心态开始行动，用平静的学习过程消磨心中的戾气，让自己慢慢地回到正轨。

247 / 漫谈学习经验与方法

信念是人生的思想支柱，它始终使人处于一个清醒的状态，就如同茫茫大海中的灯塔，为人生的航船指引航向。坚定的信念，为构建自己强大的心理提供了基石，使自己即使身处挫折之中，也不会退缩、放弃；在自己情绪低迷的时候，提醒着自己该做的事，该继续的梦。具备了永不屈服的信念的人是强大的，因为他虽然可能会失败，但是永远不会被打倒。

257 / 一生的财富

上课时，我会认真听讲，重点听老师反复重复的知识点和预习中有疑问的地方；不因为记笔记而耽误上课。但课后我一定会整理、完善笔记。上课之前和课刚结束时，我都会花两分钟时间浏览一遍笔记，这样能够快速复习抓重点，知识在脑中就更清晰明了。

坚持，在每个日日夜夜

姓　　名：杨可静
录取院系：信息科学技术学院
毕业中学：广西壮族自治区南宁市第三中学
获奖情况：南宁市优秀共青团员

坚持，是高中三年令我感触良多的一个词语，它的背后，有多少艰辛和泪水，多少苦痛和付出，而它所指引的，却是一条荆棘遍地而前路光明的道路。坚持是我们终其一生都要去学习和领悟的课题，在高中的每个日日夜夜，是坚持让我在风雨兼程的路上，始终能朝着远方，无畏前行。

拿到录取通知书的那一刻，我长长地舒了一口气，忍不住笑着喟叹：无愧我三年的努力，终于踏进了梦想的北大。想起一千多个日日夜夜的欢笑与眼泪，在回忆的光彩里，熠熠生辉。在追逐的道路上，没有终点，也无所谓成功，唯有我走过的每一步印证着那些不负青春的努力，而坚持则是圆梦的唯一捷径。在这里，我把所有的喜悦和幸福珍藏，把所有的辛劳和泪水打包，将三年高中的经验和感悟记录下来，与大家分享。

或许你有过这样的挣扎，一边是学科竞赛的巨大压力，一边是高考带来的沉重感。作为一个学习物理竞赛的理科生，我在别的同学出游、聚会的暑假，泡在题海里已是家常便饭。依旧记得空荡荡的教室只有几个与我“同病相怜”的朋友，南国的夏天飞虫在灯下嗡嗡作响，习题和试卷堆得高高的，白纸黑字在惺忪睡眼中一片模糊……竞赛是一条注定艰辛的路，多少个思绪万千的夜晚都曾对自己说：“放弃吧！”可一旦放弃，就会失去一切，再回想时，又怎么能心安地说没有辜负自己？我必须承认，在理科的学习中天赋是一个很难被忽视的因素。我有时候会抱怨：为什

么自己思考很久也难以解答的问题，有的同学却能轻轻松松地参透？想起高考冲刺阶段一个朋友在黑板上写的：在甘心之前，用时间换天分，用坚持换机遇。塞上耳机，让音乐给予自己前行的力量；翻出朋友寄来的信和明信片，一句句加油就能让你破涕为笑。况且，还有这些一起努力着的伙伴，还有那些坚定地相信你很棒的老师。就这样，一次又一次，虽然动摇但最终还是咬着牙熬过来了。或许坚持到底并不能保证有你所期待的奖状和荣誉，可这些并不是学习竞赛的终极目标。曾经在一本书中看到这样的句子：念书是念书的回报，努力是努力的回报。至少在这个过程中，我接触了其他同学不曾了解的物理知识，让我能站在更高的角度去解决高考中的问题。参加物理竞赛，让我那曾经徘徊在及格线边缘的物理成绩在高二时突飞猛进，让我对物理这门学科产生了浓厚的兴趣。更重要的是，这种扛着巨大压力的学习过程，让我学会了如何沉静地努力，如何不畏得失地奋斗，如何义无反顾地坚持。

高中三年最令我头疼的科目非数学莫属，但是在高三后期，我的数学成绩有了很大的进步，习题集功不可没。不少同学都有记录错题的习惯，之前我对此不屑一顾，觉得这种方法费力而没有什么效果。但是在经历了考试中屡屡犯相同的错误，看到题目时觉得似曾相识，却又记不清当初老师讲解时的思路后，最终我不得不屈服于“好记性不如烂笔头”的箴言，开始了习题收集的浩大工程。不同于其他同学收集错题的习惯，我收集的是我觉得比较有价值的题目。比如，在考试中犯错的地方，有一些是所谓的低级错误，可以直接在试卷上用特殊的记号标注，没必要收集到笔记里；而有些写对了的但是思路和方法比较多样的题目反而可以收入其中。有时候一道题有几种解法，可以都记录上去，比较繁简优劣，这样不仅可以拓展思路，而且还能根据不同解法的

特点在考试中灵活运用，加快解题速度。另外，对于一些常用的技巧和处理方法，我会用彩笔标注，总结出一般性的结论。复习时间紧迫时，浏览这些总结性的知识，可以由点及面地回忆起具体的题目。数学成绩始终停留在低谷时，我也曾看到数学练习就有恐惧感，也曾面对试卷抓破头皮却无从下笔。但即使难过，我也不能放弃，即使糟糕的分数让我觉得挫败，我也要把老师的讲解认真记录下来。就这样一步步走下来，我终会看到自己的进步。

与数学相比，也许语文更让理科生感到发怵。在语文学习方面，我准备了一个专门的笔记本，分成几个板块，分别用来收集易错的字音字形、成语、文言词汇、诗词默写，最后的部分专门用来做素材的收集。很多同学为了应试，买了专门的作文素材书，按题材分类，这样的素材一般只给出故事梗概和一些泛泛而谈的议论。我觉得这样的收集不能详尽地了解人物和事件，对其体悟也只能停留在表面，缺乏独特的思考。在作文方面，我的语文老师更期待有“温度”的文章，而不是空泛、华丽的辞藻堆砌。上语文课时，老师会放一些介绍人物的视频或是发一些关于人物的资料，把记载他们事迹的文献都罗列出来，让我们根据不同的主题用不同的方式对同一个事例叙写，学会对故事细节的取舍以及对不同重点的渲染，还要用议论性的句子写出自己的感悟。我印象最深的是一个讲述入殓师的片子，当时听到这样的句子后，许多同学眼中都有泪光闪烁：“每个人都以梦为马，向死而生，但面对生离死别，我们永远是个生手。每一刻都可能是最后一刻，每一面都可能是最后一面，我们无法预知死亡，但可以选择应对离别的姿态。”这样的学习让我学会深入地思考，获得独一无二的心灵感悟。于我而言，语文课绝不仅仅是学习知识、应对考试，更是忙碌的刷题生活中精神的片刻喘息，是一种终究会

内化为个性的文化熏陶。在素材本上，所有摘录的王小波、王开岭、杨绛、村上春树等的文字都让我三年的语文学习不再枯燥乏味，也正是这些名家的智慧语言一点点奠基出坚持的力量。

接下来谈谈时间管理和高效学习的问题，接触过许多成绩优异的同学，发现他们的共同点就是很有计划，永远懂得规划好自己的时间。有的同学为了提高成绩，买了很多的参考书和练习册，看到一本就拿一本来做，却永远做不完，从而陷入焦虑。对我来说，制订每日的计划是很关键的，我会准备专门的笔记本，把每天需要完成的任务写下来，而且规定的时间段比较具体，比如早读课、午休前、晚自习前这些相对零碎的时间，我会用来背单词或是看看语文的笔记，而晚自习这样比较大块的时间则用来写理科作业。一个晚上可以写两个科目的作业，这样既不会因为只看一科而觉得负荷太重，也不会因为科目太多而导致思维跳转太快。在每次大考后，我也会总结考试中出现的漏洞，计划下一个月主要攻克的科目以及内容。计划的制订要符合实际情况，不要制订太多以至于要开夜车学习。要学会劳逸结合，适当地放松有助于学习时更专注、更投入。对多数人来说，熬夜学习往往会导致第二天上课时精神不佳，这样不仅在学习效率上得不偿失，更会把自己的身体搞垮。不仅如此，学习要迈好自己的脚步，不能跟着别人跑，完成了自己的任务就问心无愧，不需要过多地和别人比较。这样每天按照计划完成任务，自然也就不会有焦虑和失眠这些问题。

相信有很多同学都听过学长们的“提高效率”的一些学习方法，但是如何去实践却一头雾水。我有两点建议，第一是明确目标。高考前很多同学都会有心仪的大学，这些大学的录取条件应该稍高于你目前的学习成绩，这样就会不断激励你前进。你学习时的专注程度，往往取决于你对梦想大学的渴望程度，如果真的很想达成一个目标，相信许多诱惑都会在梦想面前败下阵来。有的同学往往缺乏动力，是目标超出自己的能力太多？还是自己依旧在随波逐流？认真分析好自己的情况，制定可行的目标，学习时就会充满动力，也会更为专注，这是高效学习的第一步。第二是简化生活。如果自律性不强，就应该把诱惑你分心的因素剔除出你的生活。放长假在家，许多同学会陷入“看到电视就想看、看到电脑就想玩、看到床就想躺下去”的状态，我也会有这样的时候。其实你并没有很无聊或是很疲倦，只是这些因素在悄然中助长了你的懒惰。在这种情况下，我会选择到图书馆去自习，安静的环境和浓厚的学习氛围有助于我尽快进入学习状态，比起在家里写写玩玩的状态自然更有效率。完成任务后回到家就可以无所顾忌地玩，不用背负“今天又没有看书”造成的“负罪感”，这样才是高效的学习和高效的生活。

高中三年的确是艰辛的，拥有健康的心态显得尤为重要。高三第二轮复习时，许多同学出现了“高原反应”，我也不例外。虽然刷了很多题，但是成绩却始终徘徊不前，遭遇这样的瓶颈的确让人焦虑。随着高考的脚步越来越近，我开始用跑步来减压，下午放学后约上一两个朋友，戴上耳机，绕着跑道跑几圈，出一身的汗。在呼呼掠过耳边的风声中，大脑彻底放空，不去想堆积在桌上的试卷，不去理会高考的残酷。跑完后回到宿舍洗个澡，晚上又可以精神抖擞地投入到刷题战斗中。坚持下来，不仅体质增强了，而且心理压力也得到释放。除此之外，听歌和看书也是减压的好方法。如果是热血少年，不妨在失落时来一首让血液沸腾的歌曲；若你天生文静，也可以用温柔的歌声伴你走过高中的笑与泪。每每看到能激励自己的句子，我就会用便条把它们抄下来贴在墙上或是桌上，累了的时候看一眼，告诉自己再坚持一会儿就好了。在宿舍里，有的舍友把心仪大学的校徽和校训打印出来放在桌上，时时勉励自己，也有的同学把学长学姐寄来的明信片放在灯下，鼓励自己奋发前进。而我，也把印有博雅塔和未名湖的明信片夹在便签夹上，在它们的陪伴下度过了一个个看书的夜晚。

每次在灯下伏案书写，困倦时抬眼看看周围低头奋斗的同学们，想起和朋友们关于北京的约定，就会发现，我不是在孤军奋战。那些一直陪伴着我们走过来的同学们，是支持着我们在梦想道路上不断前行的温暖力量。还有父母，不论我如何疲惫，不论我遭受什么打击，他们都一直在我身边，给予我最无私、最坚定的支持。高中时期与父母相处的时间比初中少，于是周末回家的日子就更显珍贵。在凉风习习的夏夜，与父母到楼下散步，把一周学习生活的快乐和不如意都讲出来，把自己的迷茫和压力告诉他们，倾听他们的建议，不断调整自己的心态。在父母面前，我们永远是孩子，家永远是最温暖的港湾，可以治愈一切的痛苦。我的父母并不强求我考出怎样炫目的成绩，他们只是希望我能快乐成长，所以在高三最艰辛的时候，他们也不曾给我太多关于学习的建议，而是更多地照顾着我的日常生活。有的同学因为父母过度的关爱而压力倍增，而我父母的这种任我发展的信任感让我觉得很放松，不会背负着太多去面对沉重的学习。总而言之，保证良好的心态是高中学习中至关重要的一点，松紧有度，才是最好的。

在高中时代，老师们教给我知识，更让我学会成长。记得副校长在一次演讲中说过这样一句话：是不是走得太久，你们都忘记了出发时的梦想。多少抱有名校梦想的同学，因为一两次的不如意而灰心丧气。刚入高中，学习难度的陡然提高以及住宿生活的不适应也让我觉得步履维艰。初中时接近满分的成绩一下子滑落，巨大的心理落差的确是痛苦的。面对这样的境况，我虽无法强颜欢笑，但是我可以做到即使难过也要继续努力，即使流着眼泪也要把这条路走完。我所能确信的只是这样一句话：没人能放弃你的梦想，除了你自己。人生充满机遇和挑战，我们只有充实自己，不要因为一时的得失而放弃努力，才不会有错失机会的遗憾。我的班主任有这样一句话：人生不是一次大考，而是无数次的突击测试。这句话不仅让我在高中三年受益匪浅，也让我在当下的后高考时代有很多思考。高考已经结束，一切又要归零。北大意味着优质的教育资源和广阔的平台，同样也意味着更加激烈的竞争，面对这些突击测试，我们只有让自己更加优秀。

我的母校南宁三中是以“真爱”为教育理念的，它主张保护学生的个性，而不是扼杀个性制造一批批的学习工具。在这样的环境里，我学会了思考。我会思考自己所处的位置，思考一些关于目标、关于未来的问题，这让我不至于浑浑噩噩如行尸走肉般生活。在思考中，我学会了取舍，学会了理性地分析问题，学会了用平和的心去看待身边的事物，少些抱怨，多点感激。这种保护个性的宣扬并不是使每个人走向极端，而是在尊重的基础上不断鼓励我们尝试新的东西，成就更好的自我。想起在面试前的日子，老师们为了让我摆脱羞涩和腼腆，一次次耐心地引导我说出自己的想法，学会更有条理地组织语言。在老师们的帮助下，我终于能够突破自我，在语言表达方面有了很大的进步。在我看来，这样的理念与北大的兼容并包是一脉相承的，我也期待着，在北大这个更为广阔的舞台上找到属于自己的位置，散发自己的光芒。

其实，高中三年也是一眨眼就过去了，有过痛苦，也有过幸福。每个人走过的路都不一样，所有的经验和经历都只能参考，不能复制，唯有自己去体会，才能感受到最真实的青春，也正是这种独一无二的经验让我们逐渐成长。回首三年，笑与泪都显得

那么珍贵，比起初入高中时的自己，如今的我不仅在知识上有了进步，更重要的是人格的形成与发展。坚持，是高中三年令我感触良多的一个词语。它的背后，有多少艰辛和泪水，多少苦痛和付出，而它所指引的，却是一条荆棘遍地而前路光明的道路。坚持是我们终其一生都要去学习和领悟的课题，在高中的每个日日夜夜，是坚持让我在风雨兼程的路上，始终能朝着远方，无畏前行。北大，终于等到你，还好没放弃。愿每个学子都能在回忆这段不平凡的追梦岁月时感动得热泪盈眶，愿每个人都能够不悔过去，无惧将来。

厚积薄发　从容自信

——谈高中学习的方法与心态

姓　　名：党向新

录取院系：工学院

毕业中学：山东省滕州市第一中学

获奖情况：第二届全国青少年文明礼仪普及活动一等奖

山东省优秀学生干部、枣庄市优秀学生干部、滕州市“三好”学生

作文《绿叶遐想》在第二届好作文杯全国中小学生作文大赛中获二等奖

高三一年要经历大大小小几十次考试，没有人能够在每次考试中都取得十分满意的成绩，只有保持一颗平常心，才能从容应对频繁的考试和成绩的起伏。

似水流年，我的高中时光很快就过去了，北大的录取通知书为这一千多个日子画上了圆满的句号。回想起三年来的学习经历，我觉得学习的方法与心态是打开心仪学校大门最重要的两把钥匙。

方法篇——厚积薄发

苏轼说：“博观而约取，厚积而薄发。”如果把这两句话用在学习上，我觉得就是要不断地积累并且熟练地运用知识。

（一）量变引起质变

积累贯穿于整个高中阶段。作为学生，我们需要积累的内容其实也有很多，这里主要谈谈基础知识、错题和题型的积累。

1. 积累基础知识

积累基础知识对于每个学科都至关重要。像语文的字音、字形、成语、近义词、标点符号的用法、病句的类型、文言文知识、名言名句、表达技巧，数学的公理、定理、重要结论，英语的词汇、语法、句型，理综的各种公式、物理学史、生物填空、选修基础知识等，都需要大家在平时进行大量的积累。

所以，我建议大家从高一开始，为每个学科（或每本课本）都配一个积累本，把自己遇到的或老师讲的基础知识整理下来，经常翻看，积少成多。

另外，有些看似简单的东西（比如一些定理的证明，下文将提到）往往被同学们所忽视，成为考试中的易错点，所以大家在积累时不要好高骛远，知识不论难易，都要认真对待。

在这里我还想特别强调一下课本的重要性。基础知识最重要的来源就是课本，一切试题最终都立足于课本。比如，某一年陕西高考理科数学中有一道题为“叙述并证明余弦定理（12分）”，就完全是课本上的内容，却让很多考生大呼雷人，感到无从下手。

高三复习时更要重视回扣课本。一个很好的方法就是参照《考试说明》看课本，按照《考试说明》上面的考点逐条回扣，形成基础知识框架，达到“见题知源”的境界。如此，在遇到“很基础”的题的时候，便不会手足无措了。

2. 积累错题

错题是最具有针对性的资料，最能暴露自己的知识漏洞，所以积累错题同样不容忽视。

我的方法就是建立错题本，将易错的题、经典例题、区分度大的题都整理到一个笔记本上，旁边加一些简单的批注（可以是错因，也可以是解题思路或做题的一些心得体会）。但建议大家在临近高考时就不要再做错题本上的题了。大家可以在高考前的各种试卷上把错题标注下来，然后把试卷订在一起，这也可以充当错题本，这样比较节省时间。

临考复习的最佳方法就是重做错题。大家可以把做过的批注盖上，完完整整地重写一遍解题步骤（一定要落实到书面上，这

一点很重要），看自己是否真正会做了。若是仍做不对，则说明这一题所考查的知识点自己还没有掌握，这时就要通过看批注、翻资料、请教老师以及和同学讨论等途径及时查缺补漏。

再有就是高考前一定要消灭所有的错题。我建议大家在高三复习伊始就把自己在高中阶段积累的错题全都找出来，有计划地逐个解决，不要把错题带到高考考场上。

3. 积累题型

除了以上两方面以外，题型的积累也很重要。拿物理来说，虽然题目千变万化，但很多题目都是有其物理模型的。例如，匀变速运动常考的有刹车模型、斜面模型、上抛模型，天体部分常考的有随模型、绕模型、双星模型和三星模型。如果大家积累过每种模型的易错点和简便算法，考试时遇到考查某一模型的题目便可以快速解决了。

其实，积累是个比较枯燥的过程，需要我们有一定的耐心。特别是到了高三，有些同学认为要做的事情很多，积累很浪费时间，这是不正确的。所谓“一轮复习打基础，二轮复习提能力”，扎实的基础是提高成绩的必要保障，以牺牲夯实基础的时间为代价盲目做题是极其不明智的。请同学们相信：量变能引起质变，在积累了足够多的知识后，你的优势定会渐渐显露出来。

（二）运用需要能力

拥有了足够多的知识储备后，我们还要能够在考试中熟练运用才行。运用知识的工具就是我们的解题能力和应试技巧。

1. 解题能力

解题能力主要包括审题能力，分析、联想、迁移能力，组织答案能力和计算能力。

我们先来看一道证明题。

证明：三角形两边之和大于第三边。

证明过程为：

设三角形的三条边长分别为 a，b，c，其对角分别为 A，B，C，

则 a，b，$c\in(0, +\infty)$，$C\in(0, \pi)$，

由余弦定理 $c^2=a^2+b^2-2ab\cos C$ 变形得 $2ab(\cos C+1)=(a+b)^2-c^2$，

因为 $C\in(0, \pi)$，

所以 $\cos C\in(-1, 1)$，$\cos C+1>0$

又因为 a，$b>0$，

所以 $2ab\cos C>0$，

即 $(a+b)^2-c^2>0$，$(a+b)^2>c^2$.

因为 a，b，$c\in(0, +\infty)$，

所以 $a+b>c$，原题得证。

其实，在证明这样一个命题的时候，以上四种能力都得到了体现。首先要审题，“三角形”暗示我们“a，b，$c\in(0, +\infty)$，$C\in(0, \pi)$”，这是解这道题的必要条件，是间接告诉我们的，而“两边之和大于第三边”就是我们的证明目标。然后是分析、联想、迁移，这道题乍看之下比较棘手，然而只要能联想到包含三角形三边长的余弦定理，再通过一些分析与综合，就不难得到正确思路了。接着要组织答案，像写清边角的范围等细节就是同学们容易忽略的步骤。计算就不用说了，第一步“配方”很关键。

现在我们就来详细讨论一下这四种能力。

（1）审题能力。

审对题是做对题的基础。比如，某一年山东高考英语第 78 题为“Explain the underlined sentence in Paragraph 3”，不少同学瞟一眼题干就直接翻译了有下划线的句子，白丢了 4 分。可见审对

题是多么重要。建议大家采用轻读（只让自己听到）的方法审题，将关键的字词用笔圈出来，减少出错的概率，像数学、物理的大型计算题可以多读几遍。

审题时要特别注意以下几点。

① 选择题要看清是让选正确的还是错误的。当然，语文还可能有“选出有两个错别字的一项”“以下读音不全正确的一项”等题目，大家一定要仔细看清楚。

② 要看清单位。有时答案要求的单位和题干中相同物理量的单位不一致，有的同学容易想当然。有些填空题空后带了单位，在答题纸上作答时不要画蛇添足。另外，图表题和图像题会出现诸如“$\times 10^3$ V”“$\times 10^2$ KJ/（m^2 · a）”等带数字的单位，容易被忽略。

③ 要看清小数点。答题时要注意要求是“精确到”，还是“精确度为”，或是“保留几位小数”。

④ 要注意提炼隐含条件。比如，物理中“光滑”暗示不计摩擦，“微粒”暗示不计重力，“小球”则暗示要计重力。

（2）分析、联想、迁移能力。

考试（特别是高考）中往往并不是所有的题型大家都见到过，能够把一些需要解决的新问题纳入曾经解决过的旧问题的范畴，就显得特别重要。大家可以多做一些相关练习，一定会有所感悟。但有一点很重要，无论是分析、联想，还是迁移，都需要扎实的基础知识作为保障；或者说，知识掌握得牢了，做题时自然会有思路。

（3）组织答案能力。

在高考时，简答题是按要点给分的，同学们常常因为遗漏要点而得不到满分。解决这个问题的最佳方法就是研究参考答案（特别是高考真题的参考答案），了解每类题型的“采分点”与答

题步骤，这样，考试时才能答得规范。一份完美的简答题答案应该做到卷面整洁、步骤完整、要点突出、结论明确。实现这个目标需要同学们平时多下功夫。

（4）计算能力。

计算包括数的运算和式子的变形，其重要性不言而喻，特别是对于学理科的同学，可谓处处要计算。像数学的数列求和、圆锥曲线、空间向量，物理的计算大题，化学的平衡常数、转化率，生物的能量流动效率计算等，这些题的分值比较大，往往也容易算错，因计算而丢分实在可惜。提高计算能力没有捷径，只能通过大量练习找到感觉。大家可以每天抽出一到两节课的时间集中精力地、高强度地做数学的解析几何或函数大题，坚持下来，你的计算能力定会有提高。另外，考前仍要坚持做题（最好是重做错题，上文已有提到），否则到考试时容易出现手生甚至大脑空白的情况。

总的来说，提高解题能力的唯一途径就是不断练习。所谓“读书破万卷，下笔如有神”，就是这样。请大家坚信“书山有路勤为径”，你的付出定会得到回报。

2. 应试技巧

以上所说的基本都是如何做题，现在来谈谈如何考试。

其实，考试就是在规定的时间内完成一定量的题目，其目标就是得分最大化，所有的应试技巧都是为这一目标服务的。

对此，我总结了几条建议，与大家分享：

（1）开考前的几分钟一定要充分利用。在填涂好必要的信息之后，一方面可以浏览试卷的大体内容，大致摸清试卷的难易分布，做到心中有数；另一方面可以思考一下前几个选择题，节省一些时间。

（2）做选择题要讲究技巧，就是两个字——“快”和“准”，排除法、矛盾法（即单选题如果有两个选项表达的意思相同，便可双双排除）和特殊值法都是常用的方法。大家不要认为这是投机取巧，按部就班地做选择题是很浪费时间的。

（3）做题要学会得步骤分。比如，语文简答题要多写一些，遇到不会的数学、物理大题，列举一些条件和公式也可得到必要的分。甚至有一些实在不会的极难的证明题，遇到后写一些你能想到的与题目相关的知识，有时也能得一点步骤分。

（4）要学会取舍。其实对于绝大多数同学来说，取得理想的高考成绩取决于做对大部分人都会做的题目，而不是能否做出大部分人都不会做的题目。这就要求大家遇到很有把握的题目时不要犹豫，要奋笔疾书；遇到难度一般甚至稍难的题目时要平心静气地认真作答；遇到没有思路的题目要果断跳过，没准做到后面某个地方便有了灵感。特别要强调的是，跳过某一题后就不要再刻意想它，坚信自己不会的题目一定是绝大部分同层次的同学都不会的，时刻提醒自己把会做的题目做好即可。

（5）尽量不留空白。在保证质量的前提下，一定要做到最后一题的最后一问，不会的题目临交卷时也要写上，因为写了就有可能得分，空白一定不会得分。

心态篇——从容自信

有了好的学习方法并且勤于学习只是具备了高考成功的实力，真正想要在高考中取得满意的成绩还要有良好的心态才行。高一、高二可能还好，到了高三甚至在高考的考场上，拥有一个从容自信的心态，对取得满意的成绩就十分重要了。

其实，良好心态的取得也是有方法的，这里就针对高三复习时如何调整好心态简要介绍一下我的心得。

1. 凡事预则立

高三复习时间紧，课程多，作业量大，如何从容地完成每一天的任务呢？我觉得做好计划很重要。

建议大家在课桌上贴一张提示卡（不要很大），把每天要做的事列在上面，还要为自己规定好完成每项任务的时间段，例如，数学模拟卷（8:00—9:40），看两页物理错题（18:00—18:15），每做完一项后就把它划掉。

另外在制订每天的计划时不能只是单纯地为了完成老师布置的作业，还要有针对性地强化弱科。比如，有的同学想巩固一下三角函数方面的知识，就可以在半个月的时间里，每天抽出一节晚自习来做此类题目。这也可看作是将一个中长期的计划划分为若干部分，每天完成一点。积少成多的乐趣就在于此。

有了计划以后，还要严格执行。限时训练能够提高专注度，减轻环境因素对自己造成的干扰，也有助于提高解题速度。这样一来，每天的每段时间都有特定的事情可做，目的性变强了，效率也会提高。下晚自习后看到一天的任务已被尽数划去，一种成就感就会油然而生。时间久了，大家便不会再被繁重的学习任务搞得手忙脚乱，而是以一种从容的心态让每一天都过得很有意义。

2. 一颗平常心

高三一年要经历大大小小几十次考试，没有人能够在每次考试中都取得十分满意的成绩，只有保持一颗平常心，才能从容应对频繁的考试和成绩的起伏。

考试前，大家要杜绝浮躁，沉下心来，专心学习。过于紧张和过于放松都不利于备考。

考试过程中，把所有的注意力都放在一道道试题的解答上，不要去想考试的结果。每考完一场都要做到“考一科，忘一科”，

不与同学对答案，不再做考试中未解决的题目，要迅速投入到下一场考试的准备中去。

待各科考试都结束后，要认真核对答案，将做错的题目独立地重做一遍，找到错因，总结经验教训。要有“闻过则喜”的态度，只要还未到高考，每一个被发现并被改正的错误都是一笔宝贵的财富。

用16个字能够很好地概括平常心的内涵——得之坦然，失之淡然，争其必然，顺其自然。每次考试总会有得有失，成绩也会有高有低，这很正常。高三是一场马拉松，暂时的高低又怎能决定最终的结局？我们要做的只是集中所有的注意力去复习迎考，心无旁骛地走进高考的考场。“众里寻他千百度，蓦然回首，那人却在，灯火阑珊处。”顺其自然，往往能得到意料之外的惊喜。

3. 平时当高考

能够在高考考场上保持良好的心态，正常甚至超常发挥，跟平时的训练是分不开的。

高考前总会有很多次小测试，有的同学认为这些测试无关紧要，不加以重视，养成了做题散漫的习惯，到高考时突然紧张起来，极容易发挥失常。但如果能把这些练习都当成是锻炼自己考试心态的机会，当作真正的高考，训练自己的考试技巧和心态，到了真正的高考考场上就能像平时练习一样，以一种自己最习惯的方式发挥自己的全部。

4. I can do it!

积极的自我暗示可以让自己获得更多自信。

遇到困难时，建议大家对自己大喊一声“I can do it”，然后以饱满自信的精神状态投入到学习中去。

考试中遇到不会做的题，大家可以对自己说：“别着急，我不会，别人可能也不会，先做下一题。”做出一道难题后，可以鼓

励自己：“我真棒，又解决了一道难题。”

5. 注意休息

身体是革命的本钱，只有睡眠充足，学习时才能精力充沛。建议大家根据自己的实际情况确定合适的睡眠时间，不要每天都在打哈欠中度过。

以上所说的只是我个人的一些见解，希望能够对大家有所帮助。最后写一句我很喜欢的话与大家共勉——“千里之行，始于足下”。

闯练，闯练

姓　　名：樊佳欣
录取院系：外国语学院
毕业中学：北京市第四中学

做事情最忌讳的就是心急，所谓“心急吃不了热豆腐”，无论是简单的加减乘除，还是复杂的解析几何，我们都要有耐心，踏踏实实地做完。简单题目急做，很有可能会犯2+2=8这样的低级错误；困难题目急做，结果很有可能拍案而起，愤然离席。很多问题都出在缺乏耐心上。

高考前，在北京四中的大礼堂，我们举行了隆重的毕业典礼，题目是《行囊》，意在激励我们带着四中给予我们的知识、阅历和为人的道理继续前进，不断地去闯练。正如我们送给学校的那块砖上面所写的：“从这里出发，向前看”。

6月，我们迎来了人生中第一个里程碑。从这里开始，我们要告别略带青涩与稚嫩的少年时光，慢慢成长为一个有责任、有担当、有志向的青年。坐在考场中，每个人都会既紧张又兴奋，虽有些畏惧却又略微期待。虽然我是文科生，但是我还记得，这一定是因为人体分泌了肾上腺素才使人兴奋起来的。此时，唯一能做的，就是让自己充分相信自己，三年高中的知识储备，一年高三的强化训练，北京市顶级教师的专业辅导，有什么理由质疑自己的实力呢？所以，我认为取得好成绩非常重要的一条便是：相信自己，相信实力，稳定心态，沉稳应战。

如何看待题海战术

从初中开始，甚至是小学，很多同学在面对堆积如山的题目时总会发出“这就是题海战术”的控诉。但是，以我初高中六年的学习经验来看，题海战术，换言之，其实应该是“勤能补拙”。每个人的智力水平不完全相同，我们不一定愚笨，只是比起那些天才型的同学，我们可能要付出更多的努力才能收获同样的效果。因此，勤奋是弥补这一点点智力差异所带来的劣势的最好办法，同时也是让你比别人多得些分数的关键所在。这样的事情就真实地发生在我身上。高三与初三相同，也是一年做题时。英语老师安排的进度是在规定时间内做 20 套题，而我做了 40 套题。在下一次考试中我的英语得了 116 分，另一位英语很棒的同学得了 114 分。她戏言：“你看她比我多做了 20 套题，只比我多得了 2 分。”当然，这是玩笑话，但是在真正的中考、高考当中，一两分的差距其实就是高手间的较量，一分背后可能排着一操场的人。所以，称之为题海战术，在我看来，不过是懒人们为自己不想动笔勤练，只想动脑空想的一种借口。

如何对待题海

如果你认识到，题海并不是“逼不得已”，而是“自觉自愿”的时候，你该开始思考这三个问题：大量题目应该如何应对？我能从题海中得到些什么？我将会失去什么，又该如何面对？下面将回答这三个问题。

1. 大量题目应该如何应对

水平较高的同学做起题目来较为轻松，所以他们认为大量多次重复性训练缺乏挑战性，是在浪费时间。其实不然，仔细想想，一份试卷150分，不是从0分直接蹦到150分，而是由0到1，再由1到2，一分一分地累积到150分的。落在答题纸上的每一个字都可能是得分点。一字之差也许会让你损失好几分。顶尖的同学做题经常会很快，往往有很大的可能性会忽略一些重要的细节。试卷题目难度下降的时候，好学生很有可能还不如普通学生的成绩理想，原因大约就在此。如果平时通过多做题，找到自己容易疏忽的点，便不用担心因为自己的一点小失误而导致不必要的大损失。

成绩一般的同学更需要题目的磨炼。这些同学往往都会羡慕班中“天才型”的同学——上课不听讲，下课不做题，考试成绩好，综合素质高。说实话，你真的以为天才就是这样的吗？据我观察和分析，真实的“天才型”同学是这样的：上课貌似不听讲，其实是因为筛选关键信息能力强，把一节课的精髓直接落在脑子里；下课不是不做题，而是人家做题的时候你有可能在小憩；考试成绩好，是天生的高智商和平日的努力付出相结合的成果；综合能力强，就是所谓的多才多艺，那也是离不开别人看不到的奋斗的。所以，大家应该深刻地认识爱迪生的那句经典名言：天才等于1%的灵感加上99%的汗水。无论何人，都要通过自己平时不懈的努力才能最终取得“革命”的胜利。

2. 我能从题海中得到些什么

我们经常会思考这个问题，通过大量重复性地做题，我们究竟能够收获些什么？在我看来，我们收获了这两点。第一，优异的成绩。在题海中“徜徉”的时候，我们能够遇到很多出题思路类似的题目。我们只需要把这些题目进行系统归类，集中进行训练，便能够找到解决这一类问题的多种方法。出题人只不过是在不同的试卷中用不同的表达方式来考查同样的知识点。我们只要

多练习、多分析、多总结，便可在今后的考试中“以不变应万变”，做到知己知彼、百战不殆。第二，良好的习惯。不断练习、不断总结必然会让我们的大脑得到更加充分的开发，从而令我们在生活中的各个方面都能够轻松应对。这种多动脑的好习惯绝不仅限于学习，将来在工作中，甚至在日常生活中，都需要这种勤于思考、勤于总结的好习惯。所以，通过今天的多做题，你将收获明天的好习惯。

3. 我将会失去什么，又该如何面对

在大海中游泳不比在小河中嬉戏，就像电影《少年派的奇幻漂流》中少年派在太平洋上漂流的那227天一样，在题海中遨游是一件非常费时的事情。对于很多同学来说，这就意味着放松时间和运动时间的减损。诚然，这是不少同学都会面临的十分严峻的问题。不敢说我的方法适合每一个同学，但是希望可以成为同学们应对这一挑战的解决方案之一。作为一名文科生，相比于靠做题取胜的理科班同学们，老师交给我们的硬性笔头作业实在是相当少了。但是，作为北京四中人文实验班的学生，自觉是我们必须拥有的品质。因此我会向老师咨询适当的练习册给自己增加额外的练习量。数学类的题目往往需要大量的时间进行练习，1个小时的自习时间便是留给数学的。英语这样的科目则特别需要进行分块练习，单项选择、完形填空、阅读分开做，需要的不过是一个课间的空当。我给自己的安排便是在每隔一个10分钟的课间就拿来做2篇完形填空或者是50道单项选择。这个量当然是根据自己的水平来制定的。其余的零散时间也应该要利用起来，比如在上操的时候，你完全可以在脑子里默默地背诵政治，这种一心二用，我个人认为，还是可以接受的。

虽然，刻苦努力也许会让你觉得有些疲惫，但是如果你能够找到正确的学习方法，利用好小块的时间，这种疲惫是完全可以

被快乐冲淡的。

与老师沟通的重要性

从小学一路走来，我的学习成绩一直都不错。小学毕业凭考试进入东城区最优秀的五中分校就读，在五中分校也一直名列前茅，最后中考发挥正常，进入了北京四中学习。直到高二之前，因为对自己的成绩抱有很高的信心，而且又比较喜欢自己思考，我几乎从来不主动找老师，老师也很少找我谈话。进入高三后，我才意识到这样做究竟会有多大的损失。对有些文科生来说，政治这个科目是令人头疼的，很大一部分原因是政治需要大量的背诵。没有什么人可以说："我政治学得可好了！"任谁听来，这都是天方夜谭。所以进入高三之前，我并没有正确地认识到，自己的政治成绩不理想，而且是低于平均水平的不理想。高三开学测试给了我当头一棒——只考了58分！虽然班里一半的同学都没有及格（题目难度很大），但是我很自责，自责为什么自己不是及格，甚至是高分队伍中的一员。事后，我自己也努力地分析自己的问题所在，但终究无果。一次考试过后发完试卷的中午，同桌拿着卷子起身，我问道："你到哪里去？"她回答说："找政治老师去。"我吃了一惊，她的政治成绩已经十分理想，究竟为什么还要去找老师？见我满面疑惑，她向我解释道："不管考出了什么样的成绩，一份试卷不是考完了就应该收归档案，三十年封存不揭秘的。每一份试卷都暴露了我们方方面面的问题。抓住一份试卷去找老师分析，把自己做错的题目，也包括蒙对的题目仔仔细细地、刨根问底地弄明白，才能避免以后再犯同样的错误。"这大概是我第一次体味到那句古语的真理性："听君一席话，胜读十年书。"自此之后，我便开始走在通往老师办公室的路上。不仅仅

是政治，就连我擅长的英语也成了有“问题”的科目。老师有可能从来没有如此高频地在教室之外的地方见到我，他们很是感动。当然，我收获的不单单是更多与老师接触的机会，更多的是一次又一次自我提升的机会。随着时间的推移，高三上学期的期末考试临近，按照老师的指导，我在政治这个科目上的付出比原来加在一起的总和大概还要多一些，结果我的政治成绩居然达到了 92 分，排在班里第二名的位置，这是我从未奢望过的成绩。自此之后一直到高考，我的政治成绩始终排在班中前五名。可以说，多亏高三这一年去找老师咨询，在老师的帮助下，我找到了自己成绩不理想的真正原因。按照老师的指导，加上自己不甘落后的那颗好胜心和坚持不懈的努力奋斗，我最终取得了优异的成绩，当然，还收获了更多做人的道理。所以，不爱找老师交流的同学们，赶快觉醒吧，不管你是学习好，还是学习一般，都要拿出你的勇气，大步迈向老师办公室，进而迈向自己的目标！

与同学互相促进的必要性

我们在学校的生活当中，除了敬爱的老师以外，能够对我们产生深刻影响的人应该就是同窗好友了。大到学校的校风、小到班级的班风，都会对一个人的成长产生潜移默化、深远持久的影响。我们班的班主任陈老师就经常向我们提及自己学生时代与同学互相促进学习的经历。陈老师也是一名文科生，正如我在前文中提到的，背诵对于文科生来说是个必不可少而又十分艰难的项目。为了能够增加背诵的趣味性，使得背诵的难度随之降低，陈老师与他的好友们采取了互相考查的方法。每天放学之后，大家便约定好聚在一起，互相提问当天政治课或者历史课所学的内容，被问的一方要尽量地给出精准的答案，否则就会遭到提问一方的惩罚。这种对战式的背诵方式让他们的文综成绩有了可喜的长进，因此，陈老师对进入高三阶段的我们推荐了这个好方法，让我们也有机会亲自体验一下互相帮助给我们带来的成绩上的进步和朋友间友谊的增进。

父母在高三一年给予我们的支持

高三一年的学习生活无疑可以用“苦”字来形容。不管是因为学业繁重而带来的生理上的疲劳，还是因为成绩不够理想，可能会与梦想失之交臂的心理上的畏惧，其实都是需要一条通道来疏解的。毋庸置疑，我们的父母在这条路上，一直陪伴我们左右。当我挑灯夜战的时候，是妈妈端进一杯菊花茶，说一句：“孩子，辛苦了，一定要注意身体。”其实，我也想和妈妈说一句：“您也辛苦了，谢谢您！”当我埋头苦学的时候，是爸爸上网仔细地查阅志愿填报的相关信息，又因为担心影响我，只是和妈妈两人小声地讨论。其实，我也都听得到。我也想对爸爸说：“谢谢你们对我的关心和帮助！”虽然父母并不能给予我们知识方面的辅导，但是对我们无微不至的照顾和真心实意的理解都是帮助我们将身心各个方面都调整到最佳状态，应对高考这道关的最好保证。无论何时何地，我们都要记住这句话：“感恩父母。”

其他因素

以上这些内容绝大多数都是高中生活中的一些普遍现象和问题。下面我想要谈的内容是我性格中的某些助我成功的因素。

1. 为人开朗

这一点想必是每一位家长都希望自己的孩子可以做到的。一

个开朗的性格背后是一颗充满阳光的心。开朗意味着乐观直爽，意味着与别人交往的过程中可以给别人带来快乐。因此，我认为，无论在什么年龄段，做人都要开朗，阴郁的性格不可能对个人的成长和发展产生什么积极的影响。

2. 心胸开阔

原来的我可能会有些禁不起玩笑，有时不了解别人可能只是为了调节气氛才开玩笑的。现如今我已经逐渐长大，学会了理解别人，不去斤斤计较，对与错在非原则性的问题中似乎并没有那么重要。如果真的遇到了什么受委屈的事情，大家可以用“宰相肚里能撑船”“大人不计小人过”来宽慰自己，没必要用别人的错误来惩罚自己。这样想的话，是不是开心了许多？

3. 充满耐心

做事情最忌讳的就是心急，所谓“心急吃不了热豆腐”，无论是简单的加减乘除，还是复杂的解析几何，我们都要有耐心，踏踏实实地做完。简单题目急做，很有可能会犯 2＋2＝8 这样的低级错误；困难题目急做，结果很有可能拍案而起，愤然离席。很多问题都出在缺乏耐心上。当你花上 1 个小时安静地坐在书桌前解决了 4 道解析几何题的时候，心中是否会充满了无限的成就感呢？当你用 2 个小时完成“社会主义市场经济体制的完善”相关内容的背诵，并且在上课恰巧被老师点到，一字不差地完成背诵，赢得全班同学的掌声的时候，你一定就会感谢耐心为你带来的一切。

这 18 年的路，我已经走过，还有很多很多的学弟学妹们走在我曾经走过，或者是我不曾走过的路上。这篇文章中提到的内容，哪怕零星几句能够对大家产生些许影响，便已令我满足。请大家务必记住，无论什么事，闯练闯练就过去了。

我很有幸能够在北京四中度过我高中三年的时光，感谢北京

四中为我提供了通往北京大学的平台。当然，我会记得那句话“从这里出发，向前看！”期待着将要在北京大学度过的精彩的四年大学生活，属于我的、独一无二、无与伦比的大学生活！

我的学习经验

姓　　名：黄佳琰
录取院系：光华管理学院
毕业中学：江苏省常州高级中学

> 提高效率最好的方法是制订计划。制订计划时一定要根据自己的实际情况，不能高估自己的能力，排得太满而失去可行性，打击自信心；也不能排得太宽松，没有激励的意义。制订好计划以后，要严格记录完成情况，并在一段时间后检查效果。

很高兴自己圆了北大梦，在这篇文章里我想和学弟学妹们分享一下我的学习经验和学习方法。

整体规划

1. 学习时间的安排与规划

在高中阶段，时间是非常紧张的。因此我们要精心安排，规划好时间。我认为最重要的是劳逸结合。就像一根橡皮筋，如果长期处于拉伸状态，那么很容易崩裂；而如果能适当地松一松，这根橡皮筋则能在较长时间内保持良好状态。高中生在学习之余，应该积极参加体育锻炼，一方面增强身体素质，一方面可以放松身心，此外，还可以有更多时间与同学们一起交流切磋。高中的学习虽然目的性很强，但绝对不能功利，千万不要为了多做几道题目，而放弃这种珍贵的锻炼机会。这样，你才能度过一个既充实又快乐的高中生涯。另外，就是要充分利用琐碎时间。比如，我们可以利用排队时间背背英语单词或者和同学讨论一个没弄清楚的知识点。

2. 关于和老师交流

交流不是简单地问问题。如果是遇到不懂的问题，当然可以问老师。更重要的是，当你遇到学习上的困惑和不解，或者是心理上有什么问题时，就非常有必要找老师交流一下。和老师聊聊天，讨论一道题目的多种做法，对自己是非常有帮助的。千万不要因为不好意思或怕麻烦而放弃。我写的语文作文就经常给好几位老师看，听听他们不同的评价与建议。除了和老师交流学习上的问题以外，大家也可以多向老师讲讲自己心态上的变化。在高三，大多数同学都处于比较紧张的心理状态，很容易因为一点点的挫折而导致很大的心理波动，这个时候除了和家长交流以外，其实和经验丰富的老师交流是非常有帮助的。在时间上，大家也可以根据自己的情况精心规划。就拿我来说，我都是利用老师较为空闲的时间去，这样不会影响自己的学习进度。

3. 个人的独立性

进入高中以后，很多同学不再一起结伴吃饭、走路，许多同学为了抓紧时间，连在路上都是小跑着前进。所以不要为了等待同学而影响自己的学习安排。该抓紧的时间就一定要抓紧，这样可以更有效地利用自己的时间，也可以空出更多的时间来休息。

4. 关于效率

我们高中班主任经常说的一句话是：不要为了熬夜而熬夜，而是要千方百计地提高效率。我认为这句话非常有道理。提高效率最好的方法是制订计划。制订计划时一定要根据自己的实际情况，不能高估自己的能力，排得太满而失去可行性，打击自信心；也不能排得太宽松，没有激励的意义。制订好计划以后，要严格记录完成情况，并在一段时间后检查效果。与计划紧密相连的就是目标。目标有短期目标、中期目标和长期目标。目标与计划完美结合，是非常棒的。

5. 对自己的清晰认识

我的优势是什么，劣势是什么？我喜欢什么，不喜欢什么？我将来想去哪座城市？我想要成为怎样的人？我想要过怎样的生活？要对自己有清晰的了解与规划。我认为最关键的是要找到最适合自己的学习方法与学习节奏，不要受他人影响，并不断改进自己的安排，直到契合度最高、最有效。

各学科的学习方法

先说英语。英语最重要的是培养语感，而不是单纯地背单词、记语法。培养语感的方法有很多，如朗读课文、看原版书、看美剧等。这些方式不仅可以提高我们的英语水平，而且还可以提高我们学习英语的兴趣。下面是几个英语学习的小方法。

1. 多看美剧

看美剧的时候可以反复多看几遍，不要去看中文字幕，以免产生依赖心理。遇到自己认为比较常用或者实用的词句可以记下来，作为积累。

2. 多读课文

英语书上的课文虽然基础，但应重视。可以在早读课的时候反复阅读，一方面培养语感，一方面可以熟记其中重要的单词和词组。背单词最好放在课上来做，课上就要努力记住，并且在一天之内要及时复习。

3. 制作单词小卡片

自己可以做一做单词小卡片，这样就可以在各种空闲的零碎时间记忆单词。背单词应该快速过一遍，每天反复看几次。这样的效果比一下子盯着一串单词背要好。

4. 高考前每天做完形填空题和阅读理解题，培养感觉

做完完形填空题和阅读理解题以后，要核对答案，其中重要的知识点可以整理出来，有不懂之处要及时与老师进行交流。

5. 要重视语法，但不能死记

关于语法，大家需要理清其中的条条框框，有许多语法知识点是零碎的，需要不断加强这方面的记忆。

6. 自言自语的方法

英语中的口语十分重要。当看到一样物品时，建议大家在脑海里主动翻译并说出来。这样主动学习的效果是比较好的。

7. 学会整理

英语中的部分题型，如任务型阅读，其中会有很多词语是常用的，大家可以按照常用度、不同类型来进行分类。所有做过的题目，都要抽取其中的精华部分，化成自己的财富。这样在考试中会更加自如。

8. 相信自己的感觉

英语考试的时候要相信自己的第一感觉，当答案不确定时，可以按照第一感觉先选一下，之后有时间再细细考虑。不要在一道题目上过度纠结，一来作用不是很大，二来严重浪费了时间，还会使后面做题时的心态受到影响。

下面说说语文，语文也是重在积累。

1. 做好积累工作，准备摘抄本

摘抄本上可以是自己喜欢的句子、内容，风格也由自己决定；也可以是自己对喜欢的书上的观点的提炼。摘抄的过程既是阅读的过程，也是提炼的过程、记忆的过程。当你真正喜欢上摘抄以后，就会发现自己的语文水平不知不觉地提高了。

2. 作文写完以后要多修改

作文写完以后可以自己先看看，想想有什么不足，有什么优点，再与同学交换读，互相交流，然后去和老师讨论，看看在哪些地方还能进行修改，还能有所提高。也可以多读读往年的满分作文，慢慢摸索别人成功的地方。在不断写作中，形成自己的写作风格，在这样的基础上不断提高。

3. 课上积极思考

语文课上会有不少同学不认真听讲，认为没什么用。其实，语文书上的课文都有很多出彩的地方，在上课之前先看看，找到问题，在课上跟着老师的思路走，进行一些深入的分析与思考，就会发现语文课很有趣，也会学到很多，懂得很多。

4. 古文学习要重视基础

进行古文训练的时候，最好准备一个专门的小本子，用来记重要的词语，然后反复翻看，以便提升水平。

5. 多读书、多看有意义的电影

多读书不仅对作文和阅读有帮助，而且其中的哲理，对你的一生都很有意义。如龙应台的《目送》《野火集》，周国平的《成年礼》，泰戈尔的《飞鸟集》等。看电影的话，自己可以试着养成写影评的习惯，建议思考的时候从横向、纵向两个方面进行。

6. 养成写日记的习惯

其实，日记不一定每天都要写很多，只是要坚持做下去。虽然对日记的字数没有规定，但每天都应该进行一些思考，这对语文的帮助是很大的。建议从高一就开始做，这样就可以为学好语文打好基础。

数学学习的重要性不言而喻。

1. 重视题型归类

学会举一反三，掌握思考模型。

2. 拒绝题海战，但也要有一定的训练量

数学的训练是必要而有效的。可以慢慢地培养感觉。

3. 准备好错题本

分类去整理错题，根据难度、重要程度做好标记，并且找出做错的原因。如果能通过做一道题目完全掌握一类题目，做到触类旁通，那么水平提升就会很快。

4. 多和同学讨论

在考完试或做完一道比较经典的题目时可以与同学讨论一下，看看思路上有哪些异同，相互取长补短，多学习他人的好方法。我觉得尤其是女生，可以多和男生讨论讨论，毕竟男女生在思维方式方面的差异还是很大的。

5. 做题目时进入状态

尤其是理科，在平时做作业的时候就要当作是在考试，要独立完成、认真细心，并且要限时。这样才能在考试之前不感到紧张，沉着冷静。平时，在许多方面都可以做到和考试时一样，例如，使用一张草稿纸，限定时间，不再考虑多种方法，而是采用最佳最快的方法，遇到难题先跳过等。尤其是到高三下学期，这么做还是很有帮助的。

其他问题

1. 高三时如何及时调整心态?

多和老师、同学、家长进行交流，敞开心扉，把你的问题、你的担忧说出来。有问题解决问题，有担忧想办法进行化解。不到最后一刻，就不要认输。要相信命运永远在自己手中，要相信一分耕耘一分收获。当一段时间的努力没有得到回报时，可以先进行反思，然后耐心地等一等，千万不要自暴自弃，有的时候我们离成功仅有一步之遥!

2. 怎么分配文科和理科的学习时间?

这需要根据自身情况来决定。千万不要盲目地追随其他同学的学习安排，一定要制订最适合自己的计划。如果有弱势科目要想办法赶上，建议制订合理的计划，把任务分解到每一天，而不是一下子用很长时间，影响了当天的学习，尽量对别的科目不造成时间上的侵占。文科的话，一般都需要大段的时间做一些积累的工作，这种工作可以放到周末来做。理科的题目，一定要安排在头脑最清醒、注意力最集中的时候去做。

3. 自制力太差，一直想玩手机、电脑怎么办?

这个问题其实非常普遍，我也遇到过。我认为，要投入到学习中，必须把手机、电脑彻底抛弃，可以把手机、电脑都交给家长保管。我认识的许多同学都是边做作业边听歌，或者边做作业边和同学用 QQ 聊天、刷微博等，这种习惯真的非常不好。建议大家学的时候专注去学，玩的时候就玩，不要边玩边学。

4. 体育锻炼真的有必要吗?

其实，体育锻炼在高中阶段真的是不可缺少的！在学习的空闲时间，大家一定要好好活动活动。我曾经为了赶作业不去锻炼，结果整天都觉得神志不清，而且体质越来越差，动不动就患重感冒，最后还要请假去休息。其实，那短短的锻炼时间还是很宝贵的，有机会的话为什么不和同学们一起放松一下身心呢?

以上就是我学习的一些经验，希望对大家有所帮助。

总结与思索

姓　　名：白静雅
录取院系：生命科学学院
毕业中学：天津市南开中学
获奖情况：天津市文明学生

挫折是每个人都会遇到的，但关键在于要学会面对。比如某件事情做错了，或者某次考试没有考好，这些挫折存在的意义是为日后的学习和生活敲响警钟，而不是让人畏葸不前。所以遇到挫折，分析原因，让它对之后的学习和生活起到积极的促进作用，这才是最明智的做法。

不知不觉中，我已经走过了十二年的学习生活，有苦有乐，有喜有悲。在不断的探索中，我也逐渐有了一些心得，而这也是对我十二年学习的一点总结，愿与大家分享。

关于学习经验与方法

第一点，初中与高中六年的学习生活后，我想说的是要跟着老师走。现在很多同学热衷于上各种课外班，当然如果课堂上难以理解吸收老师讲的内容，在课外班上进一步强化理解也无可厚非；但如果因为上各种课外班而导致课内作业无法完成，或许就是本末倒置了。

第二点，要学会摸索属于自己的学习方法。由于每个人的经历不同，因此学习的方式与方法也不同。这一点上不能盲目跟风。比如，有的同学就习惯熬夜做题，而有的人一熬夜就生病；有的人认为多做题效率高，也有人认为将题做精了效果才好。因此，还是要根据自身的特点摸索学习方法，这样才能真正高效。

第三点，我想还是应该注重总结。不论是具体到某一科的学习上，还是在学习方法上，总结都有利于反思与提升。如果平时做事是跑步，那么总结就是时常抬起头看看自己是否跑偏了方向。从我自身的经历来看，总结往往能起到事半功倍的效果。

下面还是具体谈谈每个科目的一点学习心得吧。

语文在我看来更像是对于能力的考查，需要平时的积累。因为即使是把高中所有的语文知识全都背下来，如果不加理解与感悟，恐怕也很难取得一个理想的成绩。所以，我想更应该注重平日里对题目的琢磨与理解，尤其是阅读与诗歌等。对于作文，我采用的是最原始却也比较有效的方法：多写多练。每周写一篇作文，再时时刻刻关注素材，从各种文集甚至网页上摘取优美的词句或事例，再尽可能地记到脑子里。这样做一开始时真的很痛苦，我常常琢磨一个晚上也写不出一篇让自己满意的作文，往往是面前堆了一堆素材还是无从下手。但是两三个月后，便可以出现质的飞跃，这个时候即使只有一则素材，我也可以灵活地运用到多种题目中，也就没有“脑中空空如也”的问题了。这真是很让人激动的，颇有“柳暗花明又一村”的感觉。

数学并非我的强项，但因为在高中遇到了一位很好的数学老师，所以对于数学我还是有了些兴趣。高中的数学需要大量练习。记得当时练习导数题和解析几何题时，我们老师把近三四年的各省历年高考大题全都打印了出来让我们做，一天两道，细水长流，这样练习了近一年，之后再看到这些大题，我的心里还是有一点底的。还有便是对于做过题目的总结与反思，这也是我们老师常常强调的。有的时候老师会就一道题讲很多种方法，然后再比较这些方法的利弊。这是一个潜移默化的过程，时间长了，见到题自然而然会有几种思路，也不会感到束手无策了。总之要避免盲目的刷题，多反思，才能高效率、多收益。

英语和语文一样，我认为也是考查能力。在我的眼中，英语能力是分级的，并且各级之间的关系是“量子化”的，需要一个一个的飞跃。如果达到了一定的级别，那么可能就对应着某一个分数段。所以，从我个人角度来说，提高英语成绩不如说是提高英语能力。我认为在高一高二时如果有时间读一读原版小说，看看美剧或原版电影，比单纯地背课后的单词表要有趣也有用得多。当然，也可以搞题海战术，大量做阅读和完形填空题，应该也会有所提高；不过这种方法我没有尝试过，不敢妄下结论。

说到物理，就我个人而言，我觉得其实最重要的是将题目所交代的物理过程理解清楚，不能只是想当然。有时候一个复杂的物理过程不容易想清楚，这时候千万不能怕麻烦、图省事，在脑子里想想就完了，而应该认认真真地对每一个过程分析到位，若是力学题就要画受力分析图，若是运动学题就要将每一个过程的式子列清楚。我曾经犯过的错误，就是读完题后，脑子里对这道题交代的条件有个大概的印象，于是提笔就写，算到最后才发现初始式子中少了一项，或是有哪项的数字光凭印象带入错了，追悔莫及；而有时甚至发现不了自己出了错，那就更糟糕了。

对于化学而言，我觉得第一是要把书本上的知识记熟记牢，这是一切的基础与前提，然后还要能够在各种题目中加以应用。第二是要进行大量高考真题以及其他题目的训练，还要有自己的总结。二者缺一不可。我的习惯是用一个本子把每次犯错误的要点记录下来，由于化学有的知识比较细碎，这样做可以使得我在复习时尽可能全面地复习到这些要点。

生物与化学一样，知识十分琐碎，而且至少有百分之九十的知识点都在书上，这就要求我们将书上的每一句话都看到，每一道课后题都弄明白。记得我们的生物老师在高三时带着我们将几本生物书细细地过了一遍，我个人认为这样做是十分有必要的。

生物书多背几遍也不为过，因为它的知识很零散、易忘。对于生物我也准备了一个本子，作用与化学的那个相同，还是比较有用的。

关于老师和家长

这么多年一路走来，其实最想说的还是感谢家长和老师。我的家庭氛围应该是相对轻松的，父母从来不会逼迫我做什么事情，也不会对诸如成绩一类的问题做出任何硬性要求，一切全凭我自己做主，甚至到了毕业时别人问我妈妈我高中做了什么题她都一概不知。高中三年，我也没有上过任何课外班，所有这一切都保证了我学习的自主性与主动性，让我能够做自己想做的事情、喜欢做的事情，让我感受到学习是为了自己，而不是为了其他任何人。对于这一点，我很欣赏，也很感激。

谈到学校，我最难忘的便是我的高中——南开中学。它给了我一个最好的环境：老师、同学……在这里，我体会到了环境对于一个人的成长起到的不可估量的作用，大家在相互激励与影响中共同成长。南开中学还有一个特点就是，它给予学生足够的自由，让学生可以自行安排自己的时间和生活。三年里，老师很少对作业的完成时间做出硬性要求，常常都是由学生根据课程进度自行调整自己的作业进度。这样一来，一是锻炼了同学们的自主规划能力，早早地学会对自己的学习生活进行规划，制订出适合自己的学习计划；二是提高了同学们的学习热情。由于老师并未规定每天作业应该做到哪里，所以做多少都不为多。于是班里就常常会出现大家比着刷题的热火朝天的场景。当然，对于一些自觉性不够的同学来说，或许这种方法显得过于懒散，但就我个人而言，我认为既然学习是一个人自己的事，那就应该自己对自己负责，越早一点离开老师的督促越有利于主动进取。

课内学习与课外活动、个人爱好之间的关系

从我的角度来看，在不影响课业的情况下，课外活动是多多益善的，尤其是类似于模拟联合国、学生会一类的社团和活动，以及绘画、音乐等课余爱好。它们对于一个人的成长会产生很大的影响。我们在高中课堂上学到的大多是理论知识，很少有机会锻炼自己其他方面的能力，而各种活动给我们提供了一个更大、更广阔的平台，使我们有机会锻炼各方面的技能，包括与人交往、团队协作等。而且，在课余时间多参加些这类活动，我觉得比单纯地看电视玩电脑要更加具有挑战性，也更有意义。

谈到课内学习与课外活动，我觉得我就读的南开中学在这方面做得很好。南开中学的课外活动非常多，学生会、各种社团、体育比赛等非常吸引人；但南开中学同时又有着一批优秀的同学们，使我不得不时刻提醒课余活动着的自己不能在学业上掉队。学校给予学生充足的课余时间供学生自己分配。在高一的时候我曾是校刊的记者，高中三年也一直是班级的宣传委员。我觉得如何安排学习与活动的时间还要因人而异，但基本原则是参加课外活动不应该影响到正常学习。也就是说，在正常学业完成的基础上，我们学有余力时再去参加课外活动。课外活动应该是忙碌学习生活的调剂，而不应成为影响学业的借口。高一的时候，我常常需要准备采访问题，以及写采访稿，我都是利用课余时间来完成的，并没有因此而耽误作业进度。三年来，有时要画板报或者组织宣传活动，我也会尽量安排在课业不忙的时候。

面对挫折与压力，要保持良好的心态

挫折是每个人都会遇到的，但关键在于要学会面对。比如某件事情做错了，或者某次考试没有考好。这些挫折存在的意义是为日后的学习和生活敲响警钟，而不是让人畏葸不前。所以遇到挫折，分析原因，让它对之后的学习和生活起到积极的促进作用，这才是最明智的做法。此外，我觉得，经历过的挫折越多，人才能越明智。真的如古代先贤所言："天将降大任于斯人也，必先苦其心志，劳其筋骨，饿其体肤，空乏其身，行拂乱其所为，所以动心忍性，增益其所不能。"所以，经历挫折未必是什么坏事，相反，如果一个人的人生真的一帆风顺，我觉得这样的人生才是不完整的。

对于压力，我们所要做到的是掌握好度。高三一年下来，我发现我的心理压力有点大，这也可能是影响我最后发挥的一个因素。其实高三临近尾声时，我已发现心理压力大并不能代表一个人真的能多么高效地做事情，这两个方面并不是成正比的；相反，心理压力过大会导致我的内心总在琢磨一些没用的事，平时学习倒有可能因此而分心。所以，要将压力掌握在一个合适的范围内，既不至于丧失动力，又不会因为压力过大反而影响了学习。这样才能保持一个最佳的状态。

关于保持良好的心态，其实就是上面两段的综合。首先，不能有太多疑虑。面对高考，再淡定的人心里也可能会心存疑虑，而这些疑虑对于我们最后的发挥大多是有害而无利的，因此我们需要放下顾虑，想得再多也不如踏踏实实地做一道题有用。其次，我们要给自己一个积极的心理暗示，如果自己先忙着否定自己，那又怎么能指望别人对你有所青睐呢。当然也要注意度，要对积极的态度与盲目乐观有所区分，只要平时好好努力，那么我

们就问心无愧。最后，不要太看重平常的考试成绩，只要认认真真、踏踏实实地学了，即使真的运气不佳，连续几次没有发挥好也没什么，毕竟哪次考试都不是最终的高考；但如果因为平时的考试而丧失了斗志，进而对自己产生怀疑，导致在高考中没有发挥出自己应有的水平，这才是真的得不偿失。我的一些同学就是平时的考试成绩并不起眼，但最终凭借平稳的心态在高考中考出了自己最好的水平。因此，可以说，一颗平和的心是可以创造奇迹的。

习 得

姓　　名：陈悦莹

录取院系：国际关系学院

毕业中学：北京一零一中学

获奖情况：北京市“三好”学生

真正富有的人是掌握得了自己的时间的人。记清要干的事情是掌控时间的基础，可以的话最好准备一个记事本。对于时间规划，一定要注意要事第一，把最重要的事情先排先干，抓住主要矛盾。计划表要简明扼要且实在易行，定时定内容，同时留出灵活机动的余地。

古之成大事者，不惟有超世之才，亦必有坚忍不拔之志。

——苏轼

时间真是匆匆，不知不觉间我竟然已经走过了高三，并且怀着满心的期待和憧憬即将走进北大这所梦想的学府。高中生涯虽然画上句号，却并未离我远去。我仍能回想起自己在面对高考时的那种紧张和无所适从，以及面对自己梦想时的希冀和迷惘。正因为如此，当我经历过这一切后，我多么希望通过我一点微薄的经验分享，能给还在经历这一切或即将经历这一切的学弟学妹们一点不放弃梦想的勇气，一点面对挫折的淡定，一点忙碌奋斗的踏实。

回溯千年，屈子不断追问，究其一生仍是深沉叩首："路漫漫其修远兮，吾将上下而求索。"庄子曾说："吾生也有涯，而知也无涯。"知识无止境，求索无尽头。我也不过只是个懵懂的少年，仍是在学习的道路上跌撞着前进，也只不过是在学习中有些心得体会而已。不能穷其所有，仍在孜孜探求。因此，我在这里把自己粗浅的一点体会说出来，希望能为大家提供些许参考，更希望大家能广纳百家言，独开一条路，通过不断尝试和努力，找到最适合自己的学习模式，向梦想迈进。

学习是自己的事。我认为，学习的本源应该是一种情愫，是自己对世界的好奇和对知识的渴望。学习可以让自我的心灵和头脑得到提升；同时，学习也是让自己更适应社会的方法，能给予人生更多的机会和可能。然而可悲的是，大多数时候，还不等我们对学习产生真正的热爱，我们就已经在外界的逼迫和施压中形成了对学习不客观的印象。例如，“学习就是为了分数”“学习好才能赚钱”等，于是我们容易不喜欢学习、不情愿学习。如果真的是这样，那么我们不妨静下来想想，从源头梳理一下，思考学习对于我们到底意味着什么。如果想明白了，我们或许自然而然会重新慢慢对它产生兴趣。这样不仅可以减轻我们在求学路上必经的痛苦，也会让我们对学习少一些敷衍，少一些对排名的过分关注，而是踏踏实实地看重自己真实的进步。

要想学习好，我认为，一定要看重它。其实很多人并不输在干活上，只是输在是否拥有认真严谨而足够用心的态度上。想要有所得，先要足够虔诚恳切。对学习足够重视以后，最重要的自然是付诸行动。这个道理太过浅显，无须赘述，相信许多同学都有不少深刻的体会。一般而言，没有谁的梦想是能不通过吃苦努力就实现的，想不劳而获的人总归是愚蠢的。当然，并不是认真学、努力学，就能有好成绩的。方法也非常重要。它能够让你的投入最大化地转化成收获，让你避免徒劳无功和蛮干、傻干。当然，做事情的方式变成一种习惯才可称得上是一种方法，所以养成好习惯是格外重要的。

其实，我们对于学习方法总是容易舍近求远。对于一些老生常谈的方法不好好践行，反而去追求一些更特别的学习方法，避重就轻，剑走偏锋。听老师的话、好好听课、好好写作业、及时

复习，这些事简直要成为说教，但其实它们是很有必要的。我觉得最好先做好这些，再去用其他更多的方法。像预习、做改错本什么的这些事，多做一些总不会错，但如果精力有限就要抓住最基本的东西。下面具体来讲讲这些事我觉得应做到的程度，也就是一些细节问题。

对于听老师的话，老师是最有经验的，也是最愿意帮助我们的人，跟着老师走，不仅比较简单易行，也会避免走许多弯路。老师掌握着宏观的学习节奏，对于老师提出的你认为是正确的、有必要的建议一定要努力去实践。当然，老师的要求总是宏观考虑的结果，对于解决自己更特殊的学习问题，还要在课余时间多和老师交流，这样也有助于你及时调整学习心态，消除负面情绪。好的老师是一种资源，可遇而不可求，要是有的话千万不能浪费，这是课外班都很难弥补的损失。有不懂的问题，一定不要因为腼腆或懒惰留着不问，否则越积越多很难弥补，同时也不易养成深入思考、刨根究底的习惯。

听课是一个人形成自己的知识体系并且完善巩固的过程。我觉得首先要听，要跟着思考，要把知识转化成自己能理解的形式并且认真记录；其次，要积极发言，能经常与老师共同探讨更好。与知识打的第一个照面，一定要条理清晰并且深入思考，这常常决定你对某个知识点的理解深度。复习课则要在跟着老师回顾知识的同时认真检查自己还不知道或掌握不牢的地方，在课上课下一定要把窟窿补上。如果不能很好地兼顾，笔记可以记得言简意赅，只需把板书的关键和老师说的一些重要的点，尤其是自己不会的点记下即可。课下可以把书上的一些重点抄上，进行更进一步的整理，当然，如果嫌麻烦，也可以在书上画重点并把笔记记在书上。我们班有些同学的笔记用了几个颜色来进行区分，我觉得也是很不错的方法。需要提醒的是，千万不要一心二用。

有时候老师为调节气氛会讲些跟上课无关的话题，或是有些他讲的东西你已经掌握了，这时候大家就会写写作业或干别的事情。这种情况下节省时间的方法我不提倡。写作业需要那种安静连贯的状态，而且这样做不仅作业写不了两笔，更容易错过重点。一般在遇到这种情况时，我会趁机休息休息，以便更好地集中精力听课，或者会把刚才讲的东西再消化消化，这样课下能省一些时间。

对于写作业，会答、准确、熟练是目标。提高效率的要诀是在做作业之前先扫一遍学过的东西，把掌握不好的东西再看看，一来可以使自己心里有底，二来可以避免做作业时老翻书的情况。写作业是一种模拟的小考试，最好严肃对待，最好不要一心二用，要限时答题。一般的流程是先自己做，然后对照答案批改并且思考错因。做题强调做透，而不在数量的多少，理解透彻了才能算做完了。如果有的题自己不能解决，一定要记下来问老师或者自己上网搜搜答案及解析。我做题还有个习惯，就是在思考错因后快速背一遍解题思路，即自己想一遍如果再遇到这道题应该怎么答才可以拿满分。这主要是因为对于错题我们不是看一下就能会的，但又不能每道题都抄到错题本上，而且也不能对于自己做过的错题一遍遍地复习，因而在第一次做错的时候多做些脑力劳动就显得比较有价值。同时，这也可以避免整理完错题本就束之高阁结果碰到同样的题还会做错的情况。一错就努力记住的话，当天或过后再遇上类似的情况就能把对的答案写出来，这样不容易再犯与之前同样的错误。当然，值得一提的是，对照答案时最好把自己与答案不同的地方一字不落地抄一遍，学习一下出题者的答题风格，同时注意一些细节的处理技巧。但是背解题思路却不必如此，只要把点答对即可，如语文的阅读，分条把关键点梳理一下确保能得分就成。这样在考试时就容易条件反射地直切要害，分条按点答题，全面而简洁。另外，作业尽力完成，却也不必强求。如果高三时间不够，一些你觉得实在无价值的作业完全可以不做，保证睡眠是更重要的。实在有心无力的话，也可以看着题想想自己会怎么答，然后看看答案研究研究。

对于复习，最好是趁热打铁。根据艾宾浩斯遗忘曲线，当天学的东西最好当天复习，这样最省时间，也最容易记牢。复习的时间不要相隔太远，否则忘了又背、背了又忘，非常痛苦而且麻烦。学习要靠点滴积累、循序渐进，突然激动要大干一场不如持久坚持、细水长流。最好是订一个计划，每天复习一点。对于大考，这种计划可以更有针对性一些，比如每天复习两课一直到考前一周复习完，然后最后一周再过一遍主干知识，这样可以让复习有条不紊、较为舒缓地进行，避免临时抱佛脚。大家需要知道的是：从来没有哪种复习方法是万事大吉的，人总会遗漏、遗忘，所以我们要尽力多重复、多掌握，但不要因为没有完全掌握而感到紧张或焦虑。复习也并非简单的重复，而是“温故而知新”的过程，要多思考、多练习，才能更深入全面地理解知识。我提倡每轮复习用不同的体系进行。我是学文科的，像历史，我一般会按时间背一遍，然后按专题背一遍，再按国家背一遍。说到复习用的辅导书呢，讲知识的有一本好的就足够了。当然，要涵盖基本题型的其实一本也就够了。我认为老师发的就足够用了，非要买的话可以买几本练练题。值得强调的是：要构建自己的知识体系，可以按不同的方式梳理，但是一定要确保自己掌握的是整合外界信息而得到的有机体。如果老师发了好几本辅导书都有知识体系，可以都看一遍，把自己还没有注意到的点记一记就好。对于文综的复习，我想说的是：背书最好从大往小背，先多看多记，最后再合上书自己一条条地过一遍比较好。我不提倡以抄代背，因为容易光抄不背，偶尔抄抄练练答题有手感就行了。

至于一些零碎的方法呢，我想到的是下面几点。

(1) 要合理规划日程。

真正富有的人是掌握得了自己的时间的人。记清要干的事情是掌控时间的基础，可以的话最好准备一个记事本。对于时间规划，一定要注意要事第一，把最重要的事情先排先干，抓住主要矛盾。计划表要简明扼要且实在易行，定时定内容，同时留出灵活机动的余地。各科的时间要均衡分配。功利一点来说，想要考好，一定要有优势学科，但不能有太差的学科，这是战略。当然可以“术业有专攻”，但根据木桶原理，均衡发展是前提。如果已经有非常差的学科，那就需要额外多下一点功夫补上，但最好不要影响其他学科的学习。一般有了弱项我最常做的方法是有针对性地刷题。哪一块知识比较薄弱，我就找辅导书去刷这一块的题，直到觉得找到感觉为止。如果你突然感到某学科学得有些吃力，也可以试试刷几套本学科的综合卷，找回感觉。当然，如果花费了很大力气却还是难以补上，那就培养优势科目吧。另外，可以根据自己的特点在最适合的时间干最适合的事情。例如，有些同学早上背单词记得牢，那就可以安排早上记单词。最后要强调的是：最好不要打疲劳战，违反作息规律，千万不要制定一些自我折磨的时间表。睡眠和锻炼的时间要留出来，这样才能清醒而健康地投入持久的战斗。

当然，只有日程学习比较零散，同时也要对学程有所规划。高三的一、二、三轮复习是各有侧重的，在不同阶段要有不同的规划。第一轮复习一般比较细致全面，是夯实基础的好机会。第二轮复习更强调主干和综合，这是拓展深度的好机会，可以研究一些难题，多钻研，并多建立知识间的联系。第三轮复习侧重于巩固提高、查漏补缺，是一个保温阶段。在这里稍微提一提上课外班的问题，高一、高二如果学有余力的话可以报一些课外班，但是上高三我就不太建议这么做，跟着老师走是足够应付高考的。如果学习上确实有非常大的困难，也可以请一对一的家教帮你讲讲。如果只是不放心，还想多学一些呢，不如报个网校好了。网校会请一些特级教师，而且还可以节省路上的时间，又有重复播放、加速等功能，个人觉得不错。

(2) 要尽量高效、专心致志地干事情。

虽然很难，但是试着集中注意力快速地干好一件事情是很重要的。我以前很傻，用学习时间的长短来衡量学习效果。后来我才明白，一味地拉长学习时间只能导致效率低下、体质降低、自信心受挫和玩的时间的减少。这里还牵扯到学习和玩的关系问题。光学不玩是不可能的，怎么玩却也是值得深思的。对于高中三年的生活来说，高一、高二可以多读读书，多参加一些活动，以拓宽视野、培养能力，也可以看看电视、上上网以及和朋友出去逛逛什么的，但是要适度。上高三后因学习紧张就需要收收心，如果实在学不下去，很想玩，也不用有负罪感，这是很正常的，说明你需要调整调整、休息一下了。你可以给自己半个小时的时间玩一会儿。喜欢音乐的同学可以听听歌舒缓心情或者看看MV，喜欢看电视的同学可以看看微电影，喜欢动漫的同学也可以上网看一些剪辑，喜欢上网的同学可以刷刷微博，当然仅限于过过瘾，收不住就不好了。

(3) 要不断整理。

人常说书是要越读越薄的。这一方面应该多练、多看，使之纯熟；另一方面就是多整理，分清层次。整理不一定要落实到笔头上，但一定要对所学内容进行整合、梳理。有时可以用电脑进行，这样会比较省事。如果觉得自己整理太麻烦，也可以把老师发的资料和辅导书用好。说到这里，不得不提到整理错题本的事情。学习很忙，做错题本其实是很占用时间的。我的经验是只抄经典的、经常错的题，对于生冷怪僻的题做一遍见识见识即可。对于因马虎犯的小错自责一下然后更认真地对待即可。大可不必抄下所有错题，否则直接看练习册或卷子集不就可以了吗？错题本最好随错随做。在做完作业时可以把错的题中格外有价值的题标记下来，如果当天没空再重做一遍的话，间隔的时间最好不要超过一周。对于考试的错题，则可以随着老师课上试卷讲评的空隙来做，如果时间来不及就下课做，但无论如何最好还是在课下对自己考试中犯的错误进行一个系统的分析。我们可以常常浏览错题本，如果有时间，还可以自己挡住答案重做一遍；如果没时间，则最好在大考前一天晚上过一遍，那时肯定来不及全复习一遍，浏览错题可以加深印象并且培养题感。高三卷子发得比较多，我比较偷懒，把不太重要的卷子上有价值的题剪下来直接贴到错题本上，然后直接把卷子扔掉，这个方法对文综错题的整理尤为管用，但是大家还是慎用。另外，在抄错题的时候推荐用活页本进行分类整理，还可以用不同颜色的笔加以区分。我个人比较喜欢在每道题旁写几个字总结一下做错的关键，如果实在没有时间，看看那些字就行了。已经看得比较熟的题可以在一旁打个小勾，隔一段时间再看，先多研究那些自己没吃透的题。

（4）要多和同学交流，相互帮助。

有很多同学会把同班同学当成竞争对手，我却觉得同学更多的还是一起成长的伙伴。在艰难困苦的岁月里心灵更需要慰藉和扶持，一起相处的同学更能理解你的处境。同时，有不会的题可以问问班里学习比较好的同学，他们一般都是很愿意分享自己独特的思路和做题的诀窍的，你可能会得到从老师那里得不到的启发。如果有很要好的一起学习的伙伴，则可以互相出题考考对方，你会发现学习一下子变得很有乐趣。

讲了这么多学习的通法，下面我想再针对各学科进行一些补充。

语、数、英是不分文理都要学的。语文的基础部分靠积累，在边做题的同时应该找一个本子积累一下字音字形。默写一定要背熟，可以整体默写一遍，平常复习时边背边注意一下错字即可。文学常识做些题摸索摸索出题的规律，要把每个作家关键的要点记住。对于作文，主要是多读书多看别人的范文，每天保证一定的阅读量，画出好词好句或摘抄下佳句以便日后熟读。除了认真对待每次作文练习的机会，我觉得听作文讲评课和找老师面批是两个提升作文水平最直接的途径。数学则主要是多做题，掌握基本题型，对于难题量力而行。英语则是要多应用。阅读里常出现的生词不妨查一查，然后背下来，英语写作则要多练习、多模仿，可以把老师每次发的数篇范文中的好句子画下来，然后按结构拼成一篇佳作，背下来作为积累。

对于文综，主要是先理解透了再背，只会背是很难答好题的。学习历史我提倡采用表格学习法，把答题时最关键的要点整理成一张表格以方便架构事件之间的内在线索和联系，我提倡把中国和外国的历史分开整理，横是时间，纵是政经文及子专题。学习地理最重要的是多看图，把知识落实到图上，然后是多做题。记图要靠在脑子里一点点地回忆，大致记下后，可以边画图边自己梳理每个地点的相关知识。政治主要是背书，背得要细，但是要抓重点以方便答题。可以把答题常用的话整理出来重点看。

最后谈谈考试。最大的功夫应下在平时，但是却不能忽略考试也是一门学问。学得好而考不好，多亏呀，这时候就应该仔细反思自己的学习方法和考试技巧有没有问题，然后及时进行调整。当然，很多时候还是我们自己的心态问题。首先，不能贪，不要想不凭努力自己不会的题就拿到分数；其次，不要怕，做十足的准备，然后沉着应战、冷静发挥。其实压力谁都会有，应努力去控制、缓解，要保持适度紧张的状态。慌，除了影响自己，是没有任何意义的。如果已经尽力，即使结果不尽如人意也没有什么可后悔的。我上考场前常常对自己说的最后一句话是：“是死是活，就这样吧。”三分淡然，七分坦然。另外也要珍惜高三每一次大考的机会，当作高考去模拟、去适应。还有一些保证睡眠、答题有条理、写字要大而清晰的话就不在此啰唆了。

我在这里絮絮叨叨地讲了许久，其实最希望看到的是你不屑一顾的眼神。如果我讲的你早就了解，并且已经在落实，我在你的身上就看到了自制和稳健。在我看来，高考不是属于天才的，至少不是只属于天才的，它既需要智商，也需要情商；既需要头脑，也需要体力。容易获胜的其实是坚持到最后的聪明而又肯努力的普通人。然而如果尝试去逼近自己能力的极限甚至超越极限，这个人本身或许并不那么普通，他已经在奋斗的路上蜕变。而这一切，更多的是一个过程，冠以“高三”之名。如果你勇敢地走向考场，挥洒汗水和泪水，体味欢乐和沮丧，经历这一切的一切，我不能许你以成功，却能向你保证，你会在值得怀念的充实时光里成长。

祝愿你以坚忍不拔的姿态迎向你的梦想，让我们为新的旅程打点行装。

“中庸”的学习

姓　　名：杜震啸
录取院系：经济学院
毕业中学：浙江省杭州市余杭高级中学

老师所制订的学习方案，可以说适合大部分同学，但对个人来说却可能并非是完美的。因此，在处理“老师节奏”与“自我步调”平衡的问题上，我的经验是，以老师给出的学习方案为基础，依照自身的实际情况加以修正，打造出属于自己的独一无二的“个性化”学习方案。

我的学习经验，要从一句话说起。

“中庸之为德也，其至矣乎！民鲜久矣。”这句出自《论语》的格言，便是我学习方法的指导思想。不错，正是“中庸之道”。

提起“中庸之道”，人们对此可谓是有着种种误解，往往将它与不分是非黑白的“折中主义”“好好先生”混为一谈。这实在是彻底偏离了孔子真正想要表达的意义。事实上，作为孔子的重要思想和儒家最为推崇的道德理念，中庸，就是不偏不倚的平常的道理，不偏于对立双方的任何一方，不走极端，使双方保持均衡状态，气质、作风、德行都不偏于一个方面，使得对立的双方互相牵制、互相补充。总而言之，中庸便是一种折中调和的思想，是一份伟大智慧的结晶，如果运用得当，将对日常事务、关系的处理大有好处。

在学习生活之中，利用好“中庸之道”同样大有裨益。针对学习中所面对的一些棘手的问题、一些麻烦的矛盾，如果能用中庸的思想，巧妙地将对立的两个方面加以平衡，问题便能够迎刃而解，从而让我们的学习更轻松、更有效。

在这里，我就想通过列举几个我在学习生活中曾遇到的，也

是大多数同学可能会时常遇到的问题、矛盾，以及解决它们的一些方法，来谈谈我的一些学习经验，以及“平衡”的思想在学习生活中的运用，希望对大家有所帮助。

学习与兴趣的平衡

我相信，每个人都有自己的兴趣，这是一件再正常不过的事，也是一件很有意义的事。正所谓“兴趣是最好的老师”，古往今来，无数名人的成功都与其兴趣有着种种联系。

只是，随着年龄的增长、学习内容的深入和学业压力的增加，一个让人感到纠结的问题产生了：兴趣常常在时间、精力等方面与学习发生一定的冲突。学习与兴趣之间的取舍，想必成了令许多同学感到苦恼的一个问题。

在我看来，学习与兴趣绝非是鱼和熊掌不可兼得，只要我们处理得当，就一定能找到学习与兴趣之间的平衡点，从而既从兴趣中收获快乐，又不影响正常的学习。事实上，学习与兴趣并不像人们眼中那样水火不相容，相反，它们完全可以相得益彰。例如，爱好阅读，自然能使我们语言类、文史类的学习如虎添翼；爱好运动，可以让我们精力充沛，以强健的体魄迎战繁重的学习任务；爱好电子制作、编程等，则会使我们的逻辑更为缜密，思维更为灵动……因此，要解决学习与兴趣之间相互矛盾这个难题，处理好学习与兴趣之间的关系，便成为重中之重。

那么，应当如何平衡学习与兴趣呢？既然两者的矛盾主要体现在时间上，那么，合理地分配给这两者的时间自然而然便成为解决这对矛盾的金钥匙。我在这个问题上的经验归结起来便是，整块时间用于学习，“挤”出时间留给兴趣。

作为学生，学习显然是我们的主业，获取文化知识、提高自

身素质，显然是我们现阶段最为重要的任务。因此，将课堂时间以及相当一部分课后时间不折不扣地用于学习是非常必要的。可是，这样一来，兴趣爱好所需要的时间又该如何得到呢？这便需要我们学会“挤”。“挤”的秘诀很简单：第一，切实地提高学习时的效率，改掉一些学习中浪费时间的坏习惯，例如，写作业时精力不集中而导致的发呆，时常喝水，做其他杂事等；第二，尽可能改良学习方法，在保证质量的情况下，用更短的时间完成同样的学习任务。如此一来，自然就能在完成学习任务的情况下，剩下一大把时间用于我们的兴趣爱好，同时，这样还能让我们的学习效率大为提高，可谓一举两得。

在这一点上我深有体会。在高中阶段我曾参加过物理竞赛（这也是一种兴趣爱好），也曾陷入它与其余正常学习发生冲突的困局，也曾抱怨时间不够分配。但自从听了物理老师的建议，采取以上的方法“挤”时间后，果然收到了极其良好的效果，“凭空”多出了许多时间，从而做到了学习与兴趣两不误。

“老师节奏”与“自我步调”的平衡

学习的过程中，在制订学习计划、安排各种练习时，也许常常会遇到老师的安排与自己的安排相左的情况。例如，老师所要求的重点复习内容，自己认为已经了然于胸，不必再投入大量时间；而自己所认为需要补充加强的，老师却可能不给足够的时间来复习。在成绩较为优秀的同学之中，这种个人的想法与老师的思路相悖的情况可能尤为多见。那么，当遇到这种情况时，我们又应当如何在“老师节奏”与“自我步调”之间找平衡呢？

首先，我们应当有这样一种意识：老师所制订的学习方案，可以说适合大部分同学，但对个人来说却可能并非是完美的。因

此，在处理“老师节奏”与“自我步调”平衡的问题上，我的经验是，以老师给出的学习方案为基础，依照自身的实际情况加以修正，打造出属于自己的独一无二的“个性化”学习方案。

具体来说，在老师布置了一天的学习任务之后，第一件事应当是进行一个预估：完成这些任务大致需要多少时间？是否会挤占大量自主学习的时间？如果不是，我想还是应当保质保量地完成这些任务，即使有一些作业看似过于简单，意义不大，也不要自作主张随意删去。毕竟老师们都身经百战，具有丰富的经验。在安排作业时有自己的想法，按要求完成作业显然是对我们有极大好处的。但如果在预估后，感到作业量对自己而言不甚合理，会打乱自主学习计划，或作业难度不甚适合，与自身水平不相称。在这种情况下，不妨敞开心扉，主动去找老师谈谈，坦诚地说出自己的想法，并与老师讨论一下自身的优缺点，认真而真诚地听取老师的评价与建议，从而对老师所布置的学习方案进行一定的修正。例如，删去一些过于繁杂且意义不大的作业，把时间花在对知识、问题更深入的钻研或是劣势学科的弥补上，最终制订一份最适合自己的学习计划。在此过程中不必有什么多余的担心，老师一定会理解我们的想法，并提供帮助的。

事实上，在我高中最后的复习阶段，我的班主任大力支持我们与各科老师进行沟通与协调，自主安排各学科的复习时间、复习计划，而不是一味跟着老师的步伐，有必要的话甚至可以利用极有优势的学科的课堂时间去弥补弱势学科的不足。这一方法令我获益匪浅。可以说，一套量身定制的自主学习方案对学习效率的提高是大有裨益的。因此，我建议大家大可以抛开一切顾虑，大胆地与老师沟通，平衡“老师节奏”与“自我步调”，去为自己寻找一套最适合自己的学习方案。

"自力更生"与"团结协作"的平衡

在一个难以解决的问题面前，是"自力更生"，自己努力钻研以求突破？还是"团结协作"，与同学讨论解决方案？这同样是一个需要我们去"平衡"的问题。据我的观察，在日常学习中，大家在这个问题上往往会偏向"两个极端"：不是由于觉得请教他人不好意思等原因，宁可自己把大量时间花在某个问题上也不求助于同学，就是稍遇困难便放弃思考，从他人那里获得解题思路，甚至答案。显然，无论偏向哪个极端，对我们的学习效率、学习效果都是大为不利的：一个会空耗大量宝贵的时间，到头来可能还是无法解决问题；另一个则会助长我们依赖他人的坏习惯，严重损害我们独立思考的能力。因而，一个善于学习的人，必定能在两者之间找到平衡点，将"自力更生"与"团结协作"完美地结合。

至于如何去寻找这个"平衡点"，我的经验是"三步走"：先尝试独立思考，然后与同学交流思路，最后回顾反思，自己再试一次。

具体来说，我在学习中遇到一个自己无法解决的难题时，第一步，便是为自己确定一段"实战时间"，一般来说就是考试中可能会分配给这类问题的时间。在这段时间中，以完全的"实战状态"，全身心地投入对该问题的解决，尽可能用最为稳健的方法，即使可能无法解决问题，也要尽量深入，以模拟考试时"抢分"的状态。当过了这段"实战时间"而问题尚未解决时，再为自己安排一段时间，可以是之前的两到三倍，这时便应静下心来，仔细地进行研究，试着从不同角度切入，尝试一些另辟蹊径的方法。

如果经过尝试后，仍没有有效的思路，便进入第二步，及时

停手，不再空耗时间，带着之前尝试时收获的思路与存在的问题，向同学或老师咨询。特别需要注意的是，在这一过程中，最重要的是在听的时候，不单纯地去接受、理解，而是随时与自己前一阶段的思路进行对比，分析自己之前难以解决问题的原因，即"我为什么没有想到这一点"，必要时加以提问。

当问题在他人的指导下得以解决之时，事情并没有结束，因为此时这个解决问题的思路与方法归根结底还是别人的。最为重要的第三步，便是重新拿起这个问题，自己再尝试从头到尾做一遍。在此过程中千万不要去回忆他人所说的思路，而是按照自己在他人点拨后所形成的新思路来想问题。如果有能力，还可以试着换用不同方法。如此一来，既解决了问题，明白了这一类问题的解题思路，又锻炼了自己的独立思考能力。同时，还可以发现并弥补了造成自己思维卡壳的漏洞，可谓是一举三得，势必能令我们的学习效率大大提高。

"主干"与"枝叶"的平衡

如果把学习比作一棵大树的话，那么树干就是学科知识的整体脉络，而枝叶便是知识点中的细节。显而易见，离开了主干，枝叶将无处可依；离开了枝叶，主干也无法存活。因此，做到"主干"与"枝叶"的平衡，同样是优化学习过程、提高学习效率的重要一环。

在这一方面，我的经验是，先抓住主干，建立整体的思维；再添加枝叶，不放过一丝一毫。

具体来说，面对一本从未接触过的新课本，大家也许会从第一页开始，逐章逐节、逐字逐句地往下看。但我觉得，更好的做法也许是先看目录，先看各章的大标题，了解这本书、这一章节到底要探讨什么问题，其中又分为几个小问题，作者会从哪些方面、通过怎样的顺序分析这些问题等。这样一来，比起一页页看下去时脑中形成的零星而杂乱的思路，我们显然能对即将学习的知识有一条更为清晰的思路、一份更为深刻的了解。

在通过这种方式建立了“主干”之后，便可以跟着作者的思路，从头看起、从头学起，认真落实主题之下的每一个知识点，无论是大是小，是“重点”还是“非重点”，都要仔细地将每一片“枝叶”附着到“主干”上去，不落下任何一点细节。与主体框架的建立相比，“粘贴枝叶”的工作虽看似简单而枯燥，但同样至关重要。正所谓细节决定成败，在一些重要的场合，如一场重要的考试中，一个看似微不足道的知识点的遗忘，便可能造成难以想象的严重后果。因此，虽然这项工作繁重，但还是希望引起大家的重视，不留一点空隙，以免“千里之堤溃于蚁穴”。

而在复习时，这套方法同样极为适用。先把书放在一边，在一张纸上罗列所要复习内容的整体框架，例如，在复习高中物理时，可写下“运动学”“力学”“电学”等条目，再在各条目下“塞”进其中的小知识点，最后再翻开书本，对照检查自己遗漏的“枝叶”，并加以弥补。如此一来，既抓住了主干，又不忘枝叶，既掌握了知识的核心，又不漏下一点细节，立体地掌握知识，学习效率当然便会大大提高。

基础与难题的平衡

知识往往分为两类：一类是零碎而简单的“基础知识”，如化学、生物中的一些规律、结论，英语、语文中的词汇、语法等；另一类则是“难题”，如数学、物理中的大型解答题。在考试中，前者往往分值小而数量多，后者则分值大而数量少。而两者的复

习方略方面，也存在着种种差异。在日常学习之中，尤其是在最后的紧张冲刺之中，这同样是一个困扰着我们的问题：究竟是应该多花时间识记基础知识呢？还是把大把的精力投入对难题的钻研呢？

据我所见，对于这个问题，有一部分同学会走“极端”：不是对基础知识不屑一顾，便是自认为水平不足，对难题敬而远之。对于这两种做法，我都不敢苟同。一方面，花过多时间钻研一些过于难的问题，实在称不上一个明智的做法。我知道，难题有着一种独特的魅力，吸引着我们去钻研；同时，解决一道难题的确会让人充满着成功的快感，乃至能使人身心愉悦。但是，从实用主义的角度来看，仔细算一笔账，钻研一道难题的时间也许足以复习十几个基础知识点，如果为了钻研一道难题而放弃了十几个基础知识点，那无论是对于知识的掌握程度，还是对于更为现实的考试，收益显然都是负的。另一方面，放弃对难题的钻研，便意味着彻底地放弃了各科考试中那些压轴的大题，在竞争日益激烈的今天，轻易地放弃这么几十分，实在是会令我们在竞争中居于极为不利的地位。因此，在我看来，对于基础与难题的矛盾，还是那句老话，“两手抓，两手都要硬”。

在高考复习之中，我的经验就是，尽可能做到基础知识与难题的平衡。对于基础知识，我向来对它极其重视，因为一些看似没有什么“技术含量”的题目，却常常成为考试拿分的关键。因此，我会充分利用空余时间、零星时间，见缝插针地复习基础知识，如在清晨到校时，在饭后闲暇时，背些成语、单词，做几道较为基础的选择题、填空题，随时随地夯实基础；我也会在课堂上，在老师讲解过一些基础知识之后，当场把一些零碎的知识点牢记，不留到课后，这样不仅节约了时间，更加强了记忆的强度。而对于一些整块的时间，如自习课以及周末在家的学习时

间，我会毫不吝惜地将其大把地奉献给难题的钻研，将一些数学、物理的难度较大的问题反复钻研，彻底摸清楚，排除一切模糊之处，并熟悉题型的特点，锻炼解题能力，做到举一反三、触类旁通。

总而言之一句话：基础知识和难题两手抓，空闲时间复习基础知识，不丢小分，整块时间钻研难题，力争把压轴题的分数也拿到手！

以上便是我对于解决一些学习中常见问题、矛盾的建议。事实上，学习中其他一些看似棘手、两难的困局，无论是心态上的还是知识上的，都可以通过这种“平衡”的方法加以破解。希望大家能珍视圣人所留下的这笔名为“中庸之道”的财富，在学习生活中对此加以充分利用，以使我们学得更轻松、更有效，令我们的学业“直挂云帆济沧海”！

对高中学习的几点建议

姓　　名：黄　宇
录取院系：城市与环境学院
毕业中学：贵州省凯里市第一中学

在积累期，知识学习方面，要注意打好基础，不钻研难、偏、怪题，要重视平时的测试，但也不要过分计较考试分数的高低。要多做各种类型的题目，多总结解题方法，最好能将各部分知识联系起来，做到触类旁通。解题能力的培养绝不是靠题海战术，而是靠多思考、多总结、多实践。

高中阶段是人一生中学习的一个特殊阶段。相对于初中而言，其具有深层次性；对于大学而言，其又具有基础性。所以，一个真正想在学习上下功夫的人，不能不重视高中阶段的学习，这也就是高中学习的重要性所在。

我认为高中学习大致分为适应期、积累期和备考期三个阶段，其中积累期最为重要。

适应期的主要特点是：深层次性、高要求性、强思维性。从初中到高中的跳跃中，同学们感到最困难的是数学、理综和文综。数学、理综的要求不再仅仅是背公式、记定理，而是向哲学和科学相结合的方向发展。譬如，解决数学问题的思想方法：转化与化归、数形结合、函数思想、猜想与归纳等，均是哲学思想与实际问题相结合的体现。另外，政治、历史和地理不再仅是要求背诵课本的内容，更是要求运用所背诵的知识来解决实际问题。而很多同学不能清楚地认识到这一点，仍然在死记硬背的误区中。所以，改变初中学习的方法和心态，是适应期的主要任务。

适应期只是高中学习生活开始后一至两周，之后便是重要的

积累期。积累期的主要特点是：学习内容繁多、知识零散、学生的思维系统不完善。在积累期，知识学习方面，要注意打好基础，不钻研难、偏、怪题，要重视平时的测试，但也不要过分计较考试分数的高低。要多做各种类型的题目，多总结解题方法，最好能将各部分知识联系起来，做到触类旁通。解题能力的培养绝不是靠题海战术，而是靠多思考、多总结、多实践。同时，也应注意到，积累期的学习任务十分繁重，常常没有时间实践上述内容，这是很正常的。在此提出，只是讲述积累期学习中应该注意的事项，具体实践情况应由同学们依据自身情况把握。总之，扎实掌握高中知识是积累期的主要任务。

从进入高三开始，便已进入备考期。按照一般的复习进程，备考期主要划分为一轮、二轮复习。一轮复习的主要任务是梳理知识点，这是对积累期学过的知识的回顾。对还未完全掌握高中知识的同学而言，一轮复习具有重要的帮助作用，所以大家在复习的时候务求全面、精细，不能马虎、粗略。二轮复习主要是对知识点进行划分，以专题的形式进行复习，从而达到使同学们将所学内容联系起来的目的。

除了上面所说的内容外，我认为要想在高考中取得好成绩，还应做到以下几点。

(1) 实行一段时间的题型专训，使自己对出现过的每种题型都能做到知道怎么寻找解题思路、知道是否有隐含条件、知道怎样规范答题。

(2) 实行高考模拟训练。具体方法是：选择高质量的模拟试题，按照高考的科目顺序，以两天为一个单元进行模拟高考训练。在高三初期，重点是进行一轮复习，此项工作可以依据实际情况灵活进行，知识点已经梳理完后就应抓紧时间实施。其主要目的是使同学们熟悉、适应高考的题型，提高解题的速度和正确率。此项工作重在持之以恒。

(3) 解题时思考要有深度，要学会举一反三，不能仅仅就题论题，而要深入地揣摩出题人的意图并发现其不足之处，这在找不到解题思路时具有激发思路的作用。

(4) 每完成一题，要及时订正答案，从答案中发掘出不同的解题思路或方法，再与自己的方法进行比较，选择自己所擅长的方法。同时，还要以答案为参考标准，不断规范自己的答题用语和格式。

(5) 遇题一定要深入思考，要多尝试运用不同方法解题，实在无法解决时再翻看答案，否则便会养成对答案的依赖。

上述内容是对总的原则的说明，下面是对具体学科学习方法和考试技巧的一些说明。

(1) 语文。对于大多数同学而言，语文似乎是一门不需要花太多时间去钻研的科目，同学们对语文的认识局限于考试的范围中，而没有去真正了解、亲近它。我个人认为，学习语文不只是学习课本，而是要从中国传统文化入手，要先弄明白中国文学的发展历程，即先秦散文→汉赋→六朝骈体文→唐诗→宋词→元曲→明小说→清对联→现代白话文学。初高中对语文的学习，主要集中在唐诗、宋词和现代白话文学上，虽有时涉及先秦散文，但只是学了一点皮毛而已。所以，学习语文的首要工作便是在平时多多阅读唐诗、宋词，体会其意境所在。同时，文史不分家，要多读历史，了解一些重要人物的生平，方能对诗词有更深刻的体会。至于现代文学，要多了解民国时期的历史，以史解文，才能多少了解一点文章的深意。这是研究文章思想主题方面的工作。在研究文章写作手法方面，则要先弄清楚各种写作的方法，再与作者的代表作相互参照，便可大致明白作者的写作风格。如此学习语文，便不再是将语文用于考试，而是在语文学习中获取

大量的知识，这对于个人的发展是具有巨大影响的。所以，语文功夫在平时，真正喜欢语文的人应是对经史子集都有所涉猎的。说到如何对待语文考试，则应注意以下几点。

① 尤其要重视选择题的拿分。论述类文本选择题是令人十分难以把握的题目，对此，要尤为重视文本与问题之间的对照，做到有理有据、依文解题。成语、病句和段落填充要在平时多加练习，多记几个成语、几种病句的类型，多分析句子之间的逻辑关系，对解决这三种题目有极大帮助。

② 对于文言文，功夫要放在平时，要多阅读文言文，找到语感，如果能做到可以顺利地阅读文言文，则证明文言文能力已达到一定水平。平时还要多背古诗文，尤其注意字形的书写，保证在古诗文默写中拿满分。

③ 对于古诗词鉴赏，一要在平时多读些古诗词，以便能迅速进入意境，了解其表达的思想感情；二要多学习回答各种类型问题的格式，分点答题。

④ 实用类文本是较简单的题目，重点在于学会信息的寻找、整理和归纳，并按一定的格式分点答题。文学类文本是难度较大的题目，如果没有较高的文学修养和一定的答题训练，建议考试时不要选择。

⑤ 语言表达题是开放性较高的题目，一定要因时而变，依据具体情况组织语言答题，切忌出现不符合题目要求的语言表达。

⑥ 本人的作文水平一般，故对作文不做评述。

（2）数学。数学的学习是哲学与科学相结合的过程，是需要极精深的功夫的。但仅从考试角度来看的话，应注意以下几点：

① 选择题和填空题要拿到 60 分以上。解题策略是：能正解时先正解，正解较难可猜证。多从反面想一想，数形结合有奇效。解题多用简便法，选项里面藏机妙。原则上选择题和填空题

的答题时间不能超过45分钟，如果有暂时放下的题目，则解题时间应保持在30分钟左右。

② 选考题、三角函数、数列、立体几何、概率与统计是难度中等的题目，均应争取拿满分。答题时，要慢想快答，一定要保持思路清晰，要严格按照答题格式规范答题。

③ 圆锥曲线、导数是难度较大的压轴题，应秉着尽量多拿分的原则规范答题。一般而言，要尽量将圆锥曲线题完整做出，并保证格式规范、条理清晰。对导数题则要尽量将思路展现出来，尽量将能解决的问题解决。

(3) 英语。作为一门语言，英语学习与语文有相通之处，可以相互借鉴。除此之外，本人认为学习英语还应注意以下几点。

① 多开口说英语。英语在我们中国人的日常生活中应用很少，不常说就会导致英语口语能力逐渐退化，所以要多说英语，以保持语感。

② 多听英语音频，锻炼听力。

③ 多背单词，不断扩大自己的词汇量，同时还要大量阅读英语文章，在阅读中学习词汇的使用和各种语法。

④ 经常尝试用英语写作，提高自己对英语的掌握和运用能力。

总之，不断地强化听、说、读、写的能力是学好英语的关键，不能仅靠做试卷来提高英语能力。同语文一样，功夫还是要下在平时。

(4) 理综。理综的困难不在于题目的难度，而在于题目的量太大，以至于很多同学在题目未做完的情况下便不得不交卷。所以，同时提高理综答题的速度和正确率是学习理综的重要任务。依我的经验，应在30～40分钟内完成理综的选择题部分，再用60分钟完成生物和化学的大题，之后在30分钟内完成物理大题，

最后所余时间用于检查。整张试卷有一部分题目未完成是很正常的。上面说的是理综考试时间分配的总原则，下面是对理综三科的分别说明。

① 生物。生物是难度相对较小的科目，做好生物题是理综拿高分的重要保证。复习生物时一定要熟记每幅图、每个原理、每个实验。考试时，务求生物选择题拿满分，之后按选考题→生态→调节→代谢→遗传的顺序进行答题。作答时要抓紧时间，语言要言简意赅、准确切题。遗传题要多花一些时间去研究，此时一定要平心静气、沉着应答，不可慌张。

② 化学。我认为化学属于中等难度科目。与生物相比，化学更倾向于通过设置情境来考查考生对化学原理的运用能力，所以化学考题更加灵活。解答时，务求选择题拿满分，之后按选考→化学平衡→工艺流程→化学实验的顺序进行答题。其中，选考部分的“物质结构与性质”考查知识记忆方面的内容比较多，较易拿分，但有时会出现应用已学内容解答信息类问题的情况，其难度便可大可小，不好拿分。同时，对于需要用文字说明的问题，如果不曾深入了解物质结构与性质理论，便会觉得无从作答。而“有机化学基础”重点通过框图考查有机物之间的相互转化及有机物的性质，只要能顺利推导出有机物，便基本上能完成大多数问题。在我看来，做有机化学更好。化学平衡考查化学基础理论，应用心细作，保证拿满分。化学的难点在化工流程和实验上。对此，一要平时多加练习，总结经验；二要学会从出题人的角度出发，思考回答问题的途径；三要多参照答案的用语，学会组织语言。

③ 物理。物理是理综中的压轴科目。要想学好物理，平时必须下苦功夫。必须多做题、多思考、多总结、多回顾。遇到难题时，要多思考，如此才能在考场上以正常心态面对。解题的一般

顺序是先做选择题，然后依次是选考题→第一道解答题→第二道解答题→实验题。一般而言，做选择题时要争取每道题都做对，对于多选题要谨慎，要在有充分把握的情况下才能多选。选考题和第一道解答题一般都较容易解出，所以务必要做到答题准确、规范，争取拿满分。第二道解答题则属于压轴题，此题一定要尽量多做几问，无法准确做出时，要将解题思路明确表达出。做选考题和第一道解答题时，要将过程和结果完整写出，而做第二道解答题时，要尽量多写思考过程，淡化结果。复习实验时，要抓住实验原理，多做各类实验的变形题目，以加强对实验原理的运用能力。实验题属于重点拿分题目，要争取拿到满分。

（5）文综。作为理科生，我对文综试题安排方面不是很熟悉，但我想对文综的学习方法做一点说明。文科的政治、历史、地理，绝不是靠死记硬背便可考高分的，而是要抓住其原理来分析、解答问题。这便要求同学们在平时学习文科时要多分析、多琢磨、多思考评述问题的思路，多总结思想方法，方能以不变应万变。

以上是对具体学科学习方法和考试技巧的一点说明，下面我将谈一谈心态问题。

高考既考查我们对知识的掌握情况，也考查心态。对于高考，总的来说应该保持平和、淡然的心态，不骄不躁，从容应考。所以，同学们应注意以下几点。

（1）对一切考试均应秉持“认真对待、正常发挥、冷静沉着、及时总结”的思想和心理，不要对平日的考试持无所谓的心理，也不要过分看重考试的成败。

（2）平时多阅读经史子集，使自己保持积极进取的精神状态。要树立远大的理想，认识到高考只是迈向理想的一道门槛，因而不要为功利思想所扰，要保持内心的纯真。

(3) 用真诚的心去对待每个人，认真做好每一天的事，要谦虚谨慎，不要自高自大。

(4) 不要早恋，因为早恋对于学习有极大的妨碍。如果将时间和精力投入到早恋上，最终只能是自食苦果。

如果能做到以上几点，再认真领会前面讲述的学习注意事项，那便是一次巨大的进步。但我所讲述的只是个人的一些浅见而已，以供学弟学妹们参考。

从目标谈起

姓　　名：景昊天

录取院系：光华管理学院

毕业中学：新疆生产建设兵团第二师华山中学

获奖情况：第 30 届全国中学生物理竞赛二等奖

2012 年全国青少年信息学奥林匹克联赛一等奖

2012 年第五届亚洲与太平洋地区信息学奥林匹克竞赛中国赛区铜奖

2011 年全国青少年信息学奥林匹克联赛二等奖

我们不能因为他人可能会超过自己而不去分享自己的知识、经验以及方法，这种自私的想法最终会害了自己。一个人能走得很快，但一群人才能走得很远；一个人的智慧是有限的，互相帮助才能共同进步。

我们参加高考是为了什么？可能大部分同学苦读多年都不知道自己为什么要夜以继日、拼尽全力。高考，是人一生最公平的一次竞赛，是我们通往成功之路的垫脚石，是命运改变的开始。当拥有了高分，一切才会变得容易；当结果不尽如人意，未来自然也会迷茫。高中拼搏三年顶得上未来拼搏十年。这是一个可以用知识改变命运的时代，青春能有几回搏，何不横刀立马笑对高考，燃烧追逐梦想的热血照亮美好的前程？所以，树立起我们不变的目标——向最理想的未来奋斗不息。

我想先来分享一下我的高考故事。高一、高二时我和每一个人一样，在紧张的学习之余也会参加一些课外活动。我热爱计算机编程，热爱跳街舞，参加了学校大大小小的活动，并多次前往乌鲁木齐、北京参加青少年计算机奥林匹克竞赛，曾取得不错的成绩。也正是因为没有把所有精力放在学习上，我的成绩总的来说进步不是很大，高三时以中等水平进入了小尖班。从那时起，我才真正感受到高考带来的压力，总感觉它如此之近，我知道我要开始放手一搏了。首先，我放下了所有的课外生活，全身心地投入到学习中。我的英语成绩长期保持在100分左右，这是我总成绩不好的原因之一。而我发现提高英语成绩最快的办法就是多

做题，在做题的同时更要多想。

高三上学期，得知学校有一个北京大学“中学校长实名推荐”的名额，我便积极参加申报。选拔的过程考核了学生的学习成绩、人文素养、艺术素养、表达能力，可以说进行了全方面的考核，最终，我有幸获得了这个宝贵的名额。兴奋之余，我也在思考自己的责任有多重。听说上一届被推荐的学长高考只考了620多分，如果不是实名推荐加分，是无法进入北大的。校领导、老师都希望我不要因为得到加分而放慢脚步。当时我的模考或平时考试成绩平均620～630分。稳定住这个成绩，加上实名推荐所加的分确实能上北大，但我真的很希望自己裸分过线，这样进入北大就感觉和每个人都在同一水平线上，没有更多的负担。从那以后我才感觉到自己的潜力有多大。当我挤出所有零碎的时间学习，当我以饱满的热情去迎接知识，认真踏实地学习，我以为会有很大的进步。但现实是我的成绩还是630分左右。思考过后，我发现，原来考的高分都是很虚的，只是某一份卷子考到了我会的东西。而高三就是要去找自己不会的东西，查漏补缺，让每一次考试都能得高分，这样高考才能万无一失。所以，付出了不一定会立马得到回报，但是不要气馁，坚持最重要。学习往往就是这样，它有延时效应，你的所有付出都会在将来，特别是高考的时候变为现实。我的生活和大部分人都不太一样，每天晚上回家吃过饭后看会儿书，九点左右就睡觉了。因为在教室里一天的学习实在太累，我在很累的状态下写作业效率是很低的，所以从晚上九点开始睡6～7个小时，凌晨三四点钟起床，精神饱满，四周一片寂静，这时的学习效果最佳，一直学到去上课。当我形成了这样一套生物钟，我上课时也不会打瞌睡，时刻都能集中精力。另外，中午午睡20～30分钟是非常重要的，它能让我在下午保持良好的学习状态。就这样不断奋斗着，直到高考前的九轮模拟高考训练，我的成绩还在620～650分之间波动。我一直觉得这么多的努力只换来10～20分的进步，未免有些不尽如人意。但高考的时候我却考出了666分的好成绩，我想这一定不是偶然的，是厚积薄发的结果。以前我考630分，可能我的真实水平只有610分，但高考前我考630分，我的真实水平应该有650分了，在此基础上发挥好才能上660分。

高考就是这样一个天道酬勤的过程，老师布置的成堆的卷子以及我自己购买的成堆的套题，它们都成了我进步的翅膀；高考也是一个脚踏实地的过程，不要幻想突然的灵光一现，只有一步一个脚印地向前迈，才能登上自我的巅峰；高考还是一个磨砺心智的过程，当你走过一遍高三，你会发现自己成熟了很多，面对挑战将不会胆怯，也会站在新的高度看待问题。

老师常对我们说，小胜凭智、大胜靠德。高考的第一要义不是如何学习，而是如何做人，如何以端正的态度去面对。我们不能因为他人可能会超过自己而不去分享自己的知识、经验以及方法，这种自私的想法最终会害了自己。一个人能走得很快，但一群人才能走得很远；一个人的智慧是有限的，互相帮助才能共同进步。考得好时不要嘲笑别人，考得不好时也不要嫉妒别人，因为这些消极的情绪同样会在你前进的路上绊倒你，所以摆正心态很重要。还有就是，不要以为到了高三，家长和老师就应该无条件地帮助你。他们的付出总是那么无私，所以应该懂得感恩。在高中这些日子，不是只有你很辛苦，陪伴你的父母和老师可能比你还辛苦，再没有时间也应该去关心、去问候一下爱你的父母和老师。

下面谈谈对待高考的心态。面对高考，最重要的是激情。成功时的喜悦可以化作不断进取的动力，失败时的失落可以化作奋起拼搏的动力，要时刻对知识充满新鲜感，要为自己点滴的进步

感到骄傲，也要对自己很小的疏忽进行深刻反思。我们应将学习变为一种乐趣，去感受做出一道难题带来的兴奋，去感受成绩进步带来的自豪感。将家长、老师逼迫的被动，变为自我学习的主动，要有找题做的心态，要有饱满的求知欲。以上所说的一切，都需要自我的心态调整，真正提高了主观能动性，才能有质的飞越。

接下来讲一下我的一些学习方法。我认为所有科目都可以采用适当的题海战术。做的题多，一定有用，这点毋庸置疑。但我们在选择题目时，要找自己薄弱的部分加强练习。另外，买各科的小题狂练，抓住零散时间练习，小题做好，便成功了一大半。还有就是要做各科的高考模拟题和高考真题，边做边找出出题人的意图、思路，明白他想考你什么，这样解答的时候使用的知识就有一个明确的方向，不会盲目作答。纠错同样是非常重要的一部分。一定要准备纠错本，可以将错题剪下来贴在本子上，这样可以节省时间。而最最重要的是将错在哪些知识点搞清楚，写在下面，并将这一小块知识重新梳理。因为考前基本就看纠错本，不可能每一道题都做一遍，但可以将每一个易错知识点看一遍，这样既提高了效率，又达到了目的。纠错一定要坚持，老师讲卷子的时候，把纠错本放到边上，边纠错边听。有些题没错，但可能知识点学得不扎实，听的过程中也可以将不扎实的要点记到纠错本上，方便以后一起看。我的纠错本上都是一条条的知识点，它们很重要，也容易错，是我的宝贵财富，也是我冲击高考的资本之一。

学语文很重要的是从高一开始进行文学素养的培养，特别是要多看书。不要只读某一种类型的图书，涉猎的范围一定要广。头脑中的东西多，才能正确理解文章的意思，才能写出好文章。现在的语文高考，就是考细节。现代文阅读的考法一般是判断一些很像原文的语句是否正确，拿到试卷后可以先直接看题目，再通过题目内容查找文章中的类似语句，用笔画出来。比如在某语句下画上1A，表示第一题的A选项出自这里，之后认真进行比对，每一个字都要斟酌，经常陷阱就隐藏在一个词中。文言文和古诗要注重积累，把每一篇的重点文言实词记下来，每一次考前都看一遍，高考时一定会记住。古诗更多的是要理解，要多读多想，古人的情感其实没有那么复杂，总结梳理所有类型的古诗，拿到题目后，确定其感情基调，再进行细节分析，答题时便能游刃有余。

学习数学时，我不做任何笔记，但是会非常认真地听课，我觉得跟上老师的思路最重要。数学就是要动脑，要去想、去思考。建议平时上课前用10分钟左右时间预习，预习是个非常好的习惯，做好预习，上课时就没有对新知识的陌生感，学习的起点就会高一些。在数学学习中，巩固知识点、熟悉解题思路与方法，最重要的途径是做题。在题目中寻找思路，用做题来熟悉公式。公式不是用来背的，是用来做题的，公式用上三遍，不由自主地就会记住，隔一段时间用一次，就会牢记于心。我们要多做经典题，尝试新题型。很多人是因为做题少、懒惰而导致数学成绩不好。如果把数学当作自己的兴趣，那就是更高的境界了。当你热爱它时，提高成绩就会成为最低的追求，更多的是去探索、去钻研。

高考解数学题时要注意把握好时间，选择题和填空题共16道，最好在40分钟内完成。当然，大部分同学都会碰到2～4道题一时没有思路，或者根本不会，如果在40分钟内没有解决就立刻放下，把它们圈出来，开始做解答题。解答题一般都很简单，而且变数很小，只要平时多加练习，是很容易拿下的。两道压轴题的第一问一般也很容易解决，所以在平时的所有考试中，以上

所说的题目必须很认真地完成、弄懂。当你把这些题目做完时，估计还有10～30分钟，这时再返回去看没有做出来的选择题或填空题，这样算下来数学考120分左右应该不是难事。解题中同样要注意细节，特别是解答题，每一步都要写清楚，每一步都不能漏，思维要严谨，这些要在平时做作业时注意。考试考得如何，很大一部分都在于平时作业完成的认真程度。最后讲一下做数学选择题的一些技巧，数学选择题很容易出陷阱，所以在选出来某一个选项时，要留心剩下的3个选项是否都是错的，这样才能万无一失。数学选择题也会出现难题，特别是第十一题和第十二题，一般采用代入法，就是把四个选项分别代到题目中验算，这样非常快捷，准确率又高。

再说说英语学习，我的英语在高三提高了二三十分，秘诀就是每天坚持做阅读和完形填空题。不放过每一篇阅读中的每一个生词，不放过自己的每一个问题。如果把阅读和完形填空题中的所有生词背下来，我相信将会超过高考大纲的范围。不会的自己查一遍，记不住下次碰到再查，不出三次，不用刻意去背就能将它记下来了。多读多做本质上是一种语感的提升过程，并且越来越能抓住英语阅读的通性，出题人的角度是不会变的，练得多了自然会知道一篇文章应该从哪里入手，甚至读完形填空题时凭语感朗读一遍就能选出答案。最后一个境界我到高考时仍没达到，但高三一年的积累足以让我提高很多，高考英语135分让我感到欣慰，这么多年的努力没有白费。同语文一样，英语学习需要积累。如果你刚上高一，那么请从高一开始就重视英语，多背多练，这样到高三会比较轻松；如果你已上高三，英语不怎么样，就得多花些精力。每天的背诵肯定少不了，背诵的小册子要像家门钥匙一样每天装在口袋里，坐公交、吃饭前、等人时，甚至走在路上，任何时候都是你学习的时间，背英语就要抓住细小的时

间，这样提高会非常快。此外，英语作文的书写非常重要，阅卷老师看到赏心悦目的书写时通常给的分数会比较高，同样一篇文章，书写好和书写差可以相差 5 分。

最后讲一下理综的学习。理综不同于数学，它有很多要记要背的东西；它又不同于英语，也有很多对逻辑思维的考查，所以理综对理科生的综合能力要求很高。平时分科练习要认真完成，打好基础，高考题是在基础上稍微做一些文章。学习时不能有知识点的遗漏，基础扎实的同学到了高三很快就能适应理综的考试。当从三门分开考变成两个半小时考一套理综时，很多同学感觉时间不够，一开始这很正常，一部分是策略的原因。一般从前往后顺着做比较好，这样可以不漏题，中间碰到有疑问的题目，将它圈出来跳过，把会做的题目都做对，分数就不会很低了。时间不够的主要原因还是水平不高，当你对知识点足够熟悉，对题目类型足够了解，做题就会又快又准。另外，专注也很重要，在这样一场时间紧迫的考试中，抬头看表的时机和次数要控制好，一般要看 5 次表，选择题做完看一次，物理压轴题之前看一次，物理压轴题做完看一次，化学结束看一次，生物结束看一次。剩下的时间都要全身心专注于题目，其他什么都不要想。思想一离开，就得重新开始捋思路，非常浪费时间。专注也是需要训练的，平时就要练在 150 分钟的时间内，能什么都不想地专注于学习，中间一刻都不能停。如果你足够专注，在这 150 分钟后，就算天气不热，手心、额头、身上也会出汗。自己让自己的大脑紧张起来，全身都会紧张起来，这时的状态最好。

取得一个好成绩，不仅仅是高三这一年努力的结果，也不仅仅是高中这三年努力的结果，它需要你从小养成良好的学习习惯，端正对于学习的看法和态度。小学、初中和高中的学习内容都不一样，所以学习方法也不一样，每一阶段都应该自己去探索

出适合自己的学习方法。但是，万变不离其宗——要保持对学习的热情，它不是你的任务，而是你的理想，要充分发挥主观能动性，才会有质的飞跃。

拾级而上，领略无限风光

姓　　名：王梓晗
录取院系：元培学院
毕业中学：新疆维吾尔自治区哈密地区第二中学

随着心态和眼界的变化，目标也在不断地进行调整，也许这样的方式更适合我。在追梦的平凡之路上，我不怕走弯路，因为我知道世界上没有白走的弯路。我在平凡之路上邂逅我的梦想，邂逅我的未名湖，邂逅我的元培学院。

我曾经跨过山和大海
也穿过人山人海
我曾经拥有着一切
转眼都飘散如烟
我曾经失落失望失掉所有方向
直到看见平凡才是唯一的答案

——朴树《平凡之路》

起

其实，在中考前我的高中学习就已经开始了。作为初中稳定的年级前三名，我放弃了保送哈密地区第二中学（以下简称“哈密二中”）的名额，毅然选择了另一条道路：参加乌鲁木齐市第一中学（以下简称“乌市一中”）的考试，争取被分进理科特长班。其实，早在寒假时我就开始为考乌市一中做准备，但真正的选择是在“放弃免试入学资格承诺书”摆在我面前时才做出的，毕竟在我之前，我就读的初中没有放弃保送资格而选择中考的学生。2011年的“五一”小长假，我参加了乌市一中组织的第一次摸底考试，考试的具体结果我至今不知，只是从招生老师的轻笑摇头中隐约明白了什么。“这个孩子性格太硬，不适合一中的生活和学习。”当初的断言，言犹在耳，我虽不服气，却万万没想到日后会被言中。然而，我以为，也正是这种“硬”让我在这平凡又不平凡的北大之路上，一路高歌，且行且吟。

参加中考，我不曾后悔，不仅因为我取得了全地区实考分第一的成绩，更因为这难得的“大考”经历，为我后来的无数次考试乃至高考，提供了强大的心理支持。

中考后，我没有放松，甚至没有多少喜悦，我只是每天坐在桌前与那本粉色的《一中理特班考试题集》“较劲”，把近五年的试题做了一遍又一遍，烦躁时甚至撕了书泪流满面，也只能再默默捡回来。功夫不负有心人，在之后的两次考试中，我的成绩一跃进入前十名，高分入围，令当时的招生老师刮目相看。当我挤在乌市一中门口的人群中看着理特班红榜上自己的名字时，我一度以为，自己已经走上了一条非凡之路。

我必须承认，进入高中后最初的半学期，我为这所被称作“西北第一校”“清北预科”的高中深深折服。我们的校长助理曾说过：“如果你穿着一中的校服，去外面走一圈回来，抖落的将会是行人羡慕的眼光。”对此，我深以为然：初次离家住校，毫无束缚的学习生活、丰富多彩的社团活动、超前的教学理念、风度翩翩的老师和一群学神般的同学都让我觉得自己进入了天堂。我很快加入了国学社并担任了社长，报名参加了信息学、化学和生物的竞赛培训，竞选了学生会的职务，也在第一个期中考试中取得了不错的成绩，一切好像在云端漫步。

生活在云端的人，总是会摔得很惨。元旦临近，作为班长的我一心想要在合唱比赛中一鸣惊人，便把所有的精力都投入到了排练当中：从选歌到编写声部，从撰写朗诵词到服装、化妆，无不亲力亲为，还从家里带去了电子琴，亲自担任伴奏。我忙得每天只吃一顿饭，却忘了自己作为学生的本职——学习。天道酬勤果然不假，我所在的班级取得了合唱比赛的一等奖，而我的期末考试成绩却落到了班级末尾，甚至险些“滚动”出理科特长班。

承

高考后回首我的高一下学期和高二上学期，用最恰当的四个字概括就是“浑浑噩噩”。我唯一清楚的是，我和我身边的同学不一样。

我的数学老师曾找我谈话，面对四五十分的数学成绩，她恨铁不成钢、心直口快地说：“你一个理特班的学生，去当国学社的社长，你脑子没病吧?!”我只是无奈地笑笑，顾左右而言他。诚然，我还做了许多“脑子有病”的事：买了王安忆的《长恨歌》在睡前读，每周听一次国学社的讲座，时不时练几张字，弹一弹吉他，坚持上每一节体育课，每一节学霸们都在刷题的体育课。

我和我身边的一些同学不一样，他们能在运动会上把已经报名的项目置之不理，窝进竞赛教室刻苦钻研，而我不能；我会和室友两个人画完一整张板报，而他们不会；当班里收取补课费发现正好有一个人没交但又查不出是谁的时候，我说服自己是我收齐了以后有整有零地刚好丢了126.8元，然后省下几个月的早餐钱补上，而我的同学只笑我傻……

当时，我的成绩在中等和差等之间徘徊。竞赛课我早已退出，唯有国学社招新破百、运动会圆满成功这样的消息还能证明我的存在不是一个彻头彻尾的笑话。那时我总在放学后去操场上跑步，有时有一两个好友相伴，有时只是孤身一人。那时，我曾写下这样的歌：

我不曾想　现在的我　竟然会这样

实现了梦想　却比从前　更彷徨

夕阳下　我徜徉在　无人的球场

寻找那些　失落何处的　模样

一年一年慢慢地成长

一点一点积累的迷茫

纸上的几何图形该如何解析

青春要去向何方……

高一那年暑假，顶着名次再次倒数的压力，我把二十天的短暂暑假分出了十天，参加了感受爨文化国学夏令营。当我独自踏上赴滇的航班时，对这次旅行的定位只是放松，并不曾想到这将是我高中生活中浓墨重彩的一笔。在夏令营中，我有幸聆听了钱逊等老先生的国学讲座，和各地的青少年国学爱好者一起诵读经典、畅谈人生。不会忘记，我们在曲靖的小广场边冒着大雨买花送给路边的流浪歌手；不会忘记，我们在宾馆里东倒西歪地等待伦敦奥运开幕式的直播；不会忘记，我们在昆明的金殿山上潜心膜拜，静心感悟；不会忘记，我们在大巴车上互相学习方言，欢笑连连。我在异乡和一群陌生人中找到了强烈的归属感，也开始坚信自己并不是异类，有一群和我一样的人，散落在全国各地，总有一天我们终会重聚（后来我果然在北大元培学院遇到了当时的营友白菊、祁箫，感谢命运）。

夏令营结束后，我怀着弥补的心思拼命做数学题，每天从早到晚地坐在桌前，十天时间攒下了大约二百多道大题，最复杂的一道圆锥曲线题目的演算过程都有满满两页。这二百多道题目的效用虽然在一年后才显现，却佐证了厚积薄发的朴素哲理。也许学习存在捷径，但不可置疑，勤奋永远是通往非凡的天梯！

转

从夏令营回来，我被同学称为“文艺理科女”，这虽然并不算一种称赞，却恰如其分，因为我总能在文学、历史、艺术中找到在学习数理化时无法找到的快乐。虽如此，那时我依然没有动过转科的念头，我只是想通过后两年的努力，争取考入南开大学。

高二上学期的期中考试，是我在乌市一中的最后一次考试（如果不算北大自主招生面试），我同样至今也不知道成绩。考完后，我被叫去帮政治老师改卷。我虽称得上“文艺”，但对当时课内的政史地内容实在没什么兴趣，连教材都丢得不见踪迹。然而那一次，我的政治成绩是93分，超过了我日夜辛苦刷题的数理化，在班里排到了前三名。也许是天赋，也许仅仅是运气，至少在当时这个分数在我心里掀起了轩然大波。我回想起幼时自己似懂非懂地读着历史故事、格林童话；回想起少年时自己饶有兴味地临摹着《兰亭集序》，学唱地方戏曲；回想起长大后拿着妈妈备课案头的长篇小说，读得泪流满面；回想起在国学夏令营中相见恨晚的各地文科好友……似乎有一个声音在对我说：“文科才是你的世界，你该回去了，该回去了。”

于是我打电话给妈妈：“我要读文科！我要回哈密二中！”故乡的高中以文科著称，被称作有“状元土”的学校。写到这里，我仍感激当初妈妈的回答：“好，你去买车票，我去和学校联系！”我庆幸妈妈没有告诉我：“自己选择的路，跪着也要走完。”她只是说：“所有的选择，都是当时最好的选择。”是的，这就是我的妈妈给我的教育，润物细无声。对我的成长与选择，她只有引导、建议、尊重和支持，从没有专断、拒绝、否定或阻挠。不论我的老师向她表扬我如何优秀，还是指责我劣迹斑斑，她永远淡然地回答：“我的女儿，我知道。”于我而言，妈妈对我的理解与信任，就是我平凡之路上最美的花香。而不辜负这份信任，便是我由平凡走向非凡的不竭动力。

转学回到哈密二中，学校领导将我直接插入文科“零班”学习。我归来的消息一时之间成为许多同学茶余饭后的话题。“她啊，就是当年那个不来二中非要去乌市一中的嘛，怎么样，现在还不是待不下去又回来了。”“她凭什么进零班啊？”这样的话不止一次地掠过我的耳畔，我却无暇顾及。初来乍到，我要做的事情、要学的东西太多太多。母亲还在乌市为我的转学手续奔忙；哈密二中的老师们已经将我完全当成了自己的学生，单独约谈、义务补课，无不在我的心里激起温暖的涟漪。在这样的情况下，我有什么精力去反驳同学的轻蔑与质疑？有什么理由不加倍努力以求不辜负妈妈和老师的努力？

由理转文，数学由弱项成为强项，也是唯一的强项。还有些记忆，像是梦魇：中考作文满分，自诩爱好文学的我，在一次作文测试中盯着题目《生无所息》呆坐了四十五分钟，竟写不出一个字，最后只好拿起作文纸默默走进老师办公室；地理课上我看着老师指点江山我却如坠云雾，一年多的疏离让地理成为我眼中拦路的恶魔；翻开历史作业，面对简答题左思右想却不知如何下笔……这一切都在告诉我，我的文科之路还有很长，我离梦想还有很远，我已被昔日的“战友”远远甩在身后。好在，乌市一中的经历锻造出我良好的心态。我安慰自己说，只要期末没有“滚动”出去，我就是胜利者，毕竟我只学了其他同学四分之一的课程。话虽如此，我却丝毫不敢懈怠。那时我每天放学都找老师补习政史地的必修内容，晚上十一点回到家中才开始写作业，有时到了凌晨两三点实在困了，便伏在桌上睡着了，到早上五点再爬起来继续写。每个课间我都穿梭在老师的办公室里提问求教，为了省下上厕所的时间，我一连几个小时不喝水。我想那大概是我学习生涯迄今为止最刻苦的时候，没有之一。我唯一的信念是，不能“滚动”出零班，不能让学校后悔收下我。

期末考试后，我有些怅然，似乎除了数学还不错，其他科目都不太理想。但我又很快释然：没关系，就算“滚动”出去了，我至少已经尽了全力，至少没有辜负我自己。选择文科，我不后悔。考试的成绩像一个奇迹。如我所料，政史地的排名都在班级中等偏后，数学以148分的高分荣登榜首，而语文、英语却意外地位居年级前五名，总分排在年级第四名！至此，我终于更加坚定地相信：我的选择，没有错！

之后的一学期，我找到了一种松紧适度的状态，一切都按部就班。直到传说中的庞然大物缓缓将阴影投向我们——高三，它要来了！

合

在写这篇征文时，我反复地读了贺舒婷的《你凭什么上北大》和林丽渊的《我们都不是神的孩子》，因此，当我即将开始抒写我的高三生涯时，我感到些许惭愧，又感到些许骄傲。

惭愧的是，在我的高三记忆里，很难找到那样努力得令人动容的片段。我不曾把几本历史书翻来覆去地背七遍，也不曾攒下几书架的笔记和套卷，更没有从早上六点到第二天凌晨枯坐桌前拼命刷题的经历。我敬佩那样的他们，如果回忆高中生涯，我有过一丝悔恨，那悔恨一定不是因为我最初选择了“歧路”，而是在我最该努力的时候并没有那么努力。我只是从高二暑假开始就还算认真地完成着老师们布置的作业，偶尔也偷个小懒。我有时甚至会在课堂上犯困，然后被老师的板擦击中，被勒令站起来清

醒一下。我按照老师的要求认认真真背了政治的四本必修，不过背完第一轮我就开始找各种理由搪塞，毫无再重复一次的兴趣与毅力。相比之下，我对待历史略为慷慨，背了一遍专题史，背了一遍通史，又单独背了一遍大事年表。最过分的是我很少记笔记，没有专门的笔记本，更没有被无数人推崇备至的错题集。直到高考前的最后一天，我的英语老师还追着问我："王梓晗你什么时候把最后两个单元的单词给我过完?"当然，我也并不是完全不努力。在复习的后期，数学老师发的所有试卷，不管要求做哪些题，我都会全部完成，每周还额外问老师多要一套试卷。我认为，在当前高考的形势下，对做过的题目归类、总结、分析的效果，并不如多见新题、拓宽思路好。

令我骄傲的是，在如台风过境的高三，我一如既往地保持着对生活的热爱和轻松的心态。几乎每次大考后我都会和爸爸妈妈去看一场电影，这一年的佳片我几乎一部也没有错过。高三一年我读完了家里的四卷《王朔全集》、铁凝的《大浴女》、迟子建的《黄鸡白酒》、莫言的《天堂蒜薹之歌》。我从语文试卷上的人物传记阅读中认识了这些作家，又在阅读这些作家的作品中提高了理解能力和语文素养，乃至丰富了人生阅历。在历史试卷的材料题中，我读到了一些著作的片段便会立刻网购，并抽空阅读。《史记》《全球通史》《旧制度与大革命》《国破山河在》都是我枕边的常客。我还会在周末时抱起吉他或打开电子琴，玩闹似地弹上一曲，试着编配最近流行的新歌。我依然坚持着上体育课的习惯，直到高考前最后一周的体育课。三模前一晚，我更是在听相声和京韵大鼓中度过。电影、阅读、音乐、运动、传统曲艺，这些看似与高三毫不相干的娱乐活动，拓宽了我的视野，延伸了我的思维，放松了我紧张的神经，也孕育了我作为文科生应有的人文情怀。可以说，是这样非凡的高三经历，铺就了我的平凡之路：我在自治区一模二模中连续考取年级第一名，尤其是二模比年级第二名高出了43分；在北大自主招生的笔试题目中我遇到了曲艺界的“春典”，而面试时对传统文化的理解感悟更是帮了我大忙；高考在我眼中不过是一次“四模”，我完全没有大战在即的心惊胆战、焦虑失眠，反而淡然豁达一夜好眠。

坦诚地说，北大并不是我一直的目标。关于梦想，我没有一个坚持不懈、披荆斩棘的励志故事。我更喜欢这样一句话：梦想选择了我。我转回哈密二中学文科时的目标是中国传媒大学；考到年级前十名后，我的目标是中国人民大学；高三伊始，我想如果我发挥好也许能考进北大历史系；参加自主招生拿到30分后，我才感觉到未名湖真的离我很近了，我才开始相信我是适合北大的。高考查分得知自己是全自治区文科实考分状元，我才敢争取心仪已久的元培学院。随着心态和眼界的变化，目标也在不断地进行调整，也许这样的方式更适合我。在追梦的平凡之路上，我不怕走弯路，因为我知道世界上没有白走的弯路。我在平凡之路上邂逅我的梦想，邂逅我的未名湖，邂逅我的元培学院。

每一条路都通向平凡，敢走弯路，爱看风景，且歌且行，我拾级而上，领略无限风光！

平凡之路，且听风吟

姓　　名：尹梅妮

录取院系：数学科学学院

毕业中学：四川省成都市树德中学

获奖情况：2012 年、2013 年全国高中学生化学竞赛（省级赛区）一等奖

第 30 届全国中学生物理竞赛（省级赛区）二等奖

2013 年全国高中数学联赛（省级赛区）二等奖

一路平淡，一路平凡，没有多么出彩，却一直坚持着自己的信念，变得更加坚强、更加勇敢。十二年来，我汲取了数不尽的知识，获得了独立思考、判断是非的能力，这也让我变得更加自由。

如果要为我进入北大之前的十二年学习生涯做一个总结，那么我觉得应该是“平凡却不甘于平庸”。

最初的状态中每个人都是平凡的，然而有些人注定非凡。这个世界上有那么多不平凡的人物，他们闪耀着，他们喧哗着，可这个世界的大多数却是他们曾经擦肩而过或者从未接触过的普通人。社会是一个金字塔，无数平凡的人们组成了其强大的基座。作为一个默默无闻十八载的人，我希望这篇文章更多地透露出一个平凡学生不那么平凡的心路历程。

求学十二载，最先接触的是语文、数学这两个学科。平心而论，最开始的时候我喜欢数学，却对语文毫无好感。小学四年级时我在班主任的带领下接触了一段时间的小学数学奥赛，从此以后，数学世界的大门在我的脑海中打开了。虽然从此以后我再不曾接触过数学竞赛，但我的数学成绩却意外地保持得很好。所以，接下来就先介绍一下数学的学习方法。

数学

想要学好数学，必须发自内心地喜欢它，没有热爱便无法做到极致。学习方法想必大家已经听闻了许多，在这里我就列举一下对自己有用的方法。

（1）学会和老师、同学交流，记住“三人行必有我师”。不要经常因为题多或者题难就自暴自弃，可以和老师商量，老师会理解你的。数学课就是从老师那里学习解题思路和方法，所以上课的时候尽量少神游，要跟着老师的思路走才可以吸收到精髓。优生一般都“死”在基础上，因为他们有时会好高骛远，觉得老师的方法不够好就不认真听讲。请珍惜每一个鞭策你的老师，是他们的不吝赐教让你更加优秀。另外，每个班都有很多“大神”级别的人物，“大神”讲题一般都很有耐心，多和“大神”讨论，会有意想不到的收获。同学们思维相近，更容易讲懂或者听懂。大家对于同一道题有不同解法时，集思广益，还能共同进步。

（2）合理利用教辅资料，刷题不是万能的，但不刷题是万万不能的。调节好心态，不要惊慌于听闻今天某学霸又刷了多少“金考卷”，昨天隔壁班又发了几张“烧脑卷”。题海无涯，最凶残的学霸也是刷不完数学题的。光刷题不积累解题方法是没有用的，平时考试可能会遇到原题，高考绝对不会。要学会记忆解题套路，一般这种题我应该怎么做，比如导数压轴题，永远离不开含参讨论和分离参数，复杂一点的会有不等式放缩，按这思路写着写着就做出来了，即使最后结果没做出来，如果步骤对的话也可以拿到一定的步骤分。永远不要只满足于一种方法，也不要只求最简单的做法。一般来说，标准答案给的都是大部分人能想到的解法。多关注经典题，偏怪难永远不是高考的主旋律。刷题的话还是推荐高考题和所在省市的真题模拟卷，这些题比较正规。

(3) 一定要用好改错本。除非特殊情况，我是不会在数学改错上马虎的，改错本不一定只写错题，那些解法非常妙的题也可以记录下来。我个人偏爱手写，有的同学喜欢复印粘贴，这个看个人喜好。题一定要亲手做，不要偷懒，不然只是浪费时间和本子。高三时间会很紧，如果抽不出时间来改错，我比较推荐大家重做自己不会做的题，多做几次就会了。积累好题有助于自己能力和思维的提升。

语文

对语文我是高中才真正了解起来的。我曾经幼稚地以为语文教学太过机械、死板，答题套路过于单一，作文失去了本应该有的灵气，甚至比不上古代的科举考试。成熟了一些后我才明白：为高考而存在的语文有利有弊，是最不公平而又最为公平的存在。不过至今我仍然认为，比起我钻研过的课本，勾画过的现代文，朗读过的无数诗词以及字音、字形，我更喜欢读我喜欢的文章，看我喜欢的书，写属于我自己的文字。大概是因为我的心态比较好，我觉得一些试题中的现代文和古诗词也是无比美丽的，考试之后值得一品。接下来介绍我的语文学习方法。

(1) 想学好语文一定要多看书。书的类型很多，所有类型的书（包括言情小说）如果用对了地方都是有益的。看书可以陶冶情操，可以增长知识，可以让人富有内涵，可以拓宽人的思路，可以使人赢得他人的尊重。学生时代正是读书的黄金时代，待到参加工作后往往就没有那么多的闲暇时间。我认为学校教育一定要注意对这方面的培养，绝大多数学生是喜欢看书的。看书多了语感会逐渐增强，反应会更加敏锐。

(2) 字典在手，天下我有。一定要买最新版的《现代汉语词

典》，它绝对比学习机管用。紧张的学习之余翻翻字典也是一种享受，可以调剂一下心情。把不认识的字通通查出来，自己手动翻页绝对比屏幕搜索更管用，印象也会更深刻。积累的时候用不同颜色的笔，用色彩鲜艳的笔突出重点，有助于提高学习效率。

（3）要想写好作文，首先要多读书、多看新闻、多和他人交流，这样才会有令人信服的论点和信手拈来的论据；其次要有清爽的结构、流利的表达、瑰丽或质朴的语言，这些可以锦上添花。不过文章最主要的是文之魂，含有作者本人的观点，倾注了作者真实感情的文章才真正称得上是好文章。

（4）关于应试试题，我的诀窍是多勾画，但是不能乱勾画，要针对题目找出古文或现代文中的关键词。还要有一定的归纳能力，不要答得过于烦琐。比如现代文中的归纳题，找到原句后要适当压缩；文言文中的品质概括，原文最佳，也可以去记忆几个经典的形容词。此外，卷面一定要清爽，书写一定要整齐。

（5）请一定要重视语文，不要只重视理科。从小到大我身边有许多理科成绩优秀却不喜欢语文的同学，我也为这些同学感到惋惜。我诚挚地希望大家都能体会到语言和文字的妙处，里面积淀着五千多年的历史，见证着人类的进步与时代的兴衰。

我虽然拥有一个理科生的大脑，却也拥有一颗文科生的心。理科讲究理性的判断、严密的逻辑和一闪而过的灵感；文科侧重于精湛的分析和对内容的把握能力、理解能力。二者各有千秋。

理综

由于本人的理综稍次，所以给出的建议也不多，希望大家体谅。

1. 物理

高中三年，物理是我学得最吃力的学科。这与个人爱好有关，我不喜欢物理到连题也不会刷，平时考试勉强蒙混过关。到高三，物理逐渐凸显出它在理综中的重要性，我只能咬咬牙下定决心补救。在物理老师的带领下，于数次“腥风血雨”的理综考试中仍不卑不亢，吸取失败的教训，积累成功的经验，也锻炼了良好的应试心态。做物理题时，要一步一步分析，不要心急，也不要跳步骤，写着写着思路明了了就做出来了。合理利用时间，实在不会的题不要花过多时间，要能拿得起、放得下。不懂的题多问老师和同学，一定要问到会做为止。

2. 化学

和物理比起来，我感觉化学学习相对轻松。高中最后两年我一直担任班上的化学课代表，化学成绩也还不错。接触过许多学化学有一定障碍的同学，他们中的许多人不是弱在思维，而是基础。化学不像物理，它是由一个中心发散出去再构成知识网络的，对联想能力要求非常高，必须要学会触类旁通、举一反三。当看到一个物质，便可以将其性质和经典变化讲出来，那才算是掌握了。化学方程式是非常重要的一块，尤其是氧化还原反应。化学中的大部分知识都是以氧化还原反应为基础或桥梁的。总之，化学学习要多看知识点。

3. 生物

对生物而言，我的学习方法就是准备一个本子，专门记自己容易遗忘或者比较偏的知识点，考试之前再重复看，用不同颜色的笔勾画出自己仍不清楚的地方。我觉得这样做效果非常好。多问老师，把没弄懂的理论搞懂。多看书，生物的知识点相对较多、较杂，但只要投入足够的时间，足够重视，一定没问题的。

关于英语我没有什么建设性的意见，因为高考方面英语变化比较大，而且各省市的重视程度不同。总之，多听、多写、多读、多说一定有帮助。个人比较喜欢单项选择和完形填空这类考

语法和搭配的题目。阅读理解题需要在文章中仔细勾画，再比照题目，做出正确选择。由于本人能力有限，也就不多说。

心态

要想获得好成绩，不仅要有实力，而且还要拥有良好的心态。我父母在学习上对我管教不多。考试成绩不好时父母也很少冲我发火，他们一般都是叫我自己找原因、调状态，并劝我不要灰心。成绩不理想时老师也不会严厉地责骂我，而是给予我如何提高成绩的建议并且肯定我的努力。

就个人而言，我的学习态度是比较懒散的，但是应该做的事我就要做到最好，虽然平凡却不甘于平庸。我很喜欢看漫画和小说，初中看得特别多，各种类型的书，我什么都看，从漫画到《读者》，从言情小说到《意林》。到高三我也没有放弃漫画和小说，这点最初被班主任狠狠批评过，后来交流一番后也就默许了。我并不觉得我的兴趣爱好会影响学习，周末的时候花四十分钟来放松一下紧绷的神经，绝对比一直学习效果要好，当然前提是不能上瘾。结束了一天的学习后，睡觉前可以花几分钟看看新闻，读读自己喜欢的书或文章，住校的同学还可以给家人或朋友打个电话疏解心情。

当兴趣爱好与学习冲突了怎么办？我觉得还真的没有为了学习必须放弃爱好或是为了爱好必须放弃学习的情况，二者是可以兼顾的。我认为只要合理地安排时间，提高自己的效率，便可以实现。对于学生而言，学习固然是非常重要的，但有爱好也是非常好的，如果不能做自己喜欢的事情，那么人生也会很无趣。我们学习是为了提升自己的能力，让自己各方面都变得更强，不仅包括知识方面，而且还包括社交能力、实践能力等。发展爱好也是一种学习，也可以提升我们的能力。不过要分清楚主次，要先高效率地完成学习任务，然后再分配适当的时间给兴趣爱好。虽然说我也喜欢玩，不过都是在完成了自己该做的事情以后才去玩的。总之，做事情时能做到认真、专注，效率自然会提高。如果做任何事情都十分专注，那绝对会收到事半功倍的效果。

严于律己，发挥到自己的极致，不要马马虎虎就过了，要学会对自己负责，才能够成为真正优秀的人。

我自认为我还是比较洒脱的，没考好就是没考好，浪费时间就是浪费时间，没有什么好后悔的，反正也回不去了。为何不看开一点，在接下来的日子里更加努力呢？拒绝拖沓，远离颓废，不要因为考试成绩差就自暴自弃，你的能力体现在生活中的各个方面，一次考试成绩的好坏并不能证明你的能力高低。也不要抱有小考玩玩大考认真的心态，因为小考也是考，大考也是考，从某种意义上来讲，你在小考时的状态也就决定了你在大考时的状态，适应了平时的各种考试，才能在大考中轻松发挥出应该有的水平。不要局限于考试成绩，我认为成败并不重要，重要的是能不能证明自己已经做到最好。心态从一定程度上决定成败，自信而不自负、自谦而不自卑，做一个平淡而又乐观的人，你会发现生活中处处是阳光。

分享完了自己的经验，还想对学弟学妹们说几句。不管你们觉得高考有多么可怕，不管你们觉得应试教育这个体制如何如何不好，它有利有弊，总归存在了这么久，从一定程度上讲也是具有公平性的。未来的世界是你们的，不要抱怨，不要悲观，承受它，战胜它，改变它，这才是你们应该做的事。我也是一个应试教育下走过来的普普通通的学生，我深知它的局限性，却也无比感谢它带给我的提升。一路平淡，一路平凡，没有多么出彩，却一直坚持着自己的信念，变得更加坚强、更加勇敢。十二年来，

我汲取了数不尽的知识，获得了独立思考、判断是非的能力，这也让我变得更加自由。对即将踏入北大校门的我，这无疑是人生中最好的馈赠。

你就是那夜空中最亮的星

姓　　名：岳　媛
录取院系：法学院
毕业中学：四川省荣县中学校

> 如果想达成最终的目标，就有必要把目标细化成许多分散的部分。我把自己的目标分成长期目标和短期目标。所以，如果我想要上北大，想要选一个自己喜欢的专业，从现在起就必须规划我每天的生活，细化到我做的每一件事情都必须对提高我的高考成绩最有利。

记得刚上高中的时候，学校就拉着这样一条横幅：未名湖畔的桃花又开了。

三年后，我怀着对未名湖和博雅塔的向往，以一名北大法学院学生的身份继续求学问道，书写人生的新篇章。

从无边黑暗，到伸手就触碰到夜空中的星。我突然想起这三年的点点滴滴。高一的迷途，高二的苏醒，高三的卧薪尝胆，似乎三年时间一气呵成。曾经无数次落到谷底、又经历绝地反弹的我慢慢地学会了控制自己的情绪。我羡慕那些在庭前闲看花开花落的人，也想和他们一样漫随天外云卷云舒。

我庆幸我拥有一个积极上进的朋友圈子，从小学到高中我们都还在一起。我永远无法忘记那无数个晚自习过后，我们几个人并排走在学校空旷的路面上，抬头就能看见夜空中的繁星。就像那首歌——《夜空中最亮的星》，似乎在那段单调的生活里，我能感受到的光亮就是对未来的希望。那种看着夜空中繁星的坚定眼神，就像我对燕园生活的追逐脚步一样，从未改变。

不求最好，但求最适合的路

当初我想学心理学，方向是药物治疗，因为国外的心理学领域对一个学生的要求是生物学科要有绝对优势，所以我当时想读理科。初三毕业后的那个暑假，我阅读了大量心理学的书籍，认真整理自己的心得。周围的人可能会觉得我开始变得神神道道，变得多疑、敏感。这个方向真的适合你吗？我也无数次地问自己。

高一上学期，我觉得自己反正是读理科的，文科的课程学习便和大多数准备读理科的同学一样匆匆了事。而正是因为这样，我后面的两年高中生活都在为此懊悔，那段时间对文科学习的打幌子直接影响了我对其他学科的学习态度，那感觉简直像是噩梦的开始。

上课看课外书籍；整个作业版面做得红黑相间，但其实没有一道题是自己的答案；午休时间用来追电视剧；晚自习就用来听音乐或者玩手机。渐渐地，我越来越懒散，越来越迷茫，常常深陷在泥沼不能自拔。那个冬天我曾经试过一个人在火炉旁静静待了一晚。火焰的耀眼，地板的冰凉，周围的寂静，那种迷失和无奈的深刻，已经成为我生命中的烙印。

我继续每天的生活，早上火急火燎地赶着上早自习，晚上和同学比赛谁第一个冲出校门。偶尔会有辜负了青春的愧疚，便想努力规划自己的生活，决心赶夜车，每天熬夜看书做题。可是，想用三四个小时的时间来换别人十多个小时的成果，简直是痴人说梦。我努力冷静下来，却仍然没有方向。满屋子贴上了自己写的“幸福或许不排名次，但成功必排名次”“如果不逼自己一把，你很难知道自己有多么优秀”之类的鸡血话语，只求给自己一剂强心针。

学了一点，总好过一点都不学。我从谷底上升，却必须承认，即使期末的时候获得了几百名的进步，但是我依旧没有找到自己的方向。那时候我想逃离当时的环境，我觉得是环境没有给我创造良好的学习条件。于是在分班的时候，即使当时的我更享受文字方面的浸润，而不是理工科的数学符号的堆积，但为了逃避，我还是毅然决然在那张小纸条上写上了：理科。

那段时间，我和养育我十多年的姨妈吵架，搬到自己家里一个人住，这是叛逆；我代表班级参加了学校的艺术节而主动荒废了一个月的学习时间，这是逃避；下课我就站在走廊上看人来人往又或者是跟着班上那群男生疯疯打打，这是混天过日……

当对自己的不满达到一个极限的时候，我决心要选择适合自己的路。也许你会问：在你做什么都失败，甚至连要做什么都不知道的时候，怎样才是对的？怎样选择才是最合适的？

每个人都有自己的答案和心得，但是就我个人来看，那时候的我，不再偏执于自己喜欢的事情，而将标准定为：我比较擅长而且不反感的事情。其中最重要的条件就是，当我从事这件事的时候，我能在一个团队中以佼佼者的身份起到独一无二的作用，事情进行的过程中，我能感觉到内心真正的愉悦。比如，我在学习理化方面比较吃力，而在写文章、辩论比赛、演讲方面比较得心应手，所以我常常投入其中，忽略外在环境的变化和时间的流逝。那时候我已下定决心：我要选一个自己的强项作为我以后发展的方向！

所以我决心通过高考的历练，去获取一次选择自己未来发展方向的权利。与其高考后服从调剂到一个我不喜欢的专业，让我痛苦一辈子，倒不如在高考前去克服眼前所有的困难，熬过这一阵子。

记得有句话是这么说的："6 月 8 号之前你左右高考；6 月 8

号之后高考左右你。”

目标决定你的航向。常常有人讨论高考的目的。我认为：对于国家，这是选拔人才；对于老师和家长，这是对教育成果的检验；对于学生自己，则是人生阅历的累积。所以，高考有它的必要性，毕竟我们大多数人还是要走这条路去通往未来。你越优秀，选择的余地就越大。

我开始坚守自己心态的平和、身体的健康、学习的上进，坚守梦想以及我最初和最终的向往。我坚信：把该坚守的都守住，该做到的都做到，成绩和分数自然如期而至。

如果想达成最终的目标，就有必要把目标细化成许多分散的部分。我把自己的目标分成长期目标和短期目标。所以，如果我想要上北大，想要选一个自己喜欢的专业，从现在起就必须规划我每天的生活，细化到我做的每一件事情都必须对提高我的高考成绩最有利。

我想，只有走最适合自己的路，才能成为那条路上的夜空中最亮的星。

你是黑马，没有任何阻碍可以羁绊你的铁蹄

记得上一届高考结束的那天晚上，我就在自己的目标本上写上了这么一句话：“我认为我已经是高三学生了。”

我曾经优秀过，但那只是曾经。但我现在想变得优秀，比以前还要优秀。我想成为一匹驰骋在青青草原之上的黑马，呼叫着告诉全世界——我要上北大！

无论跌到多么深的谷底，我都相信绝地反弹这回事是真实的存在。既然存在，那么为什么不能在我身上存在？记得有句台词：生活就像一个二次函数，无论开口向上还是向下，都会有低

谷和高峰。当事情跌落到一团糟的境地时，下一时刻便正是你上升最快的时刻。所以，无论遭受多少打击，无论我哭到崩溃过多少次，我都不会放弃。

我相信，只要我一步一个脚印，一定会成为那个最耀眼的黑马。

把“我想成为”变成“我会成为”，就必须有一种“舍得一身剐，敢把皇帝拉下马”的决心和毅力去脚踏实地实践并完成。

于是在高三的最后阶段我整个人都泡在了书堆里，马不停蹄地完成一套又一套题，争取每两三天就完成一套高考的题型练习。有时候会发现卷子多得根本写不完，我就开始把相同类型的卷子分到一起用订书机订起来，争取一天完成一种题型。记得到高考之前，我把我手头数学卷子上的三角函数、数列、立体几何全部做了一遍。旁边都有红笔同步批注，几乎每周都会和它们重新见一次面，在草稿本上再把它们的过程全部重现一遍。重复的力量不可小觑，它可以让人从不会做到会做，从做得慢到得心应手。的确，每次考试下来前三道题一气呵成，得分率高和速度快不仅弥补了前面选择填空题的粗心失误和后面大题因难度太大失去的分数，也让自己的心里有了底，心态得到了保证。

接下来我开始狂背知识点：字音字形、免疫方式、氧化还原。我常常拿着几本资料和一本作业本做知识整理。直到高考理综考试前一天，我都还在用奋笔疾书知识点的方式来缓解自己的紧张和不知所措。在那个阶段，我最爱的便是上自习。那种什么事情都能自己来安排的时间，无疑是赶超别人的最好时间。每时每刻都在和时间追逐，中午饭之后的午休时间我选择了去自习室继续“战斗”。偶尔遇到体育课时间刚好是下午第一节课，我就把午休

时间和下午第一节课的时间连在一起，直接安排成了自己完成一套完整的试卷的时间。晚饭后和晚自习开始前大概有半个钟头，我就用来核对当天中午做的试卷或者是完成一套选择题和填空题。我们学校开放的自习室成了我的常驻地。总之，那段下一刻永远有事做的时光，是我感到最充实的时光。

那时候我才发现，黑马并不是说说而已，而是自己去经历埋头苦干，不会有任何人的感同身受和陪伴，还要同时感受孤独和疲惫的极限。

我记得有次急急忙忙地赶到自习室，脑袋困到嗡嗡作响，写字都已经接近没有知觉了。我趴在课桌上小憩了几分钟，又担心浪费自习时间，于是长舒一口气决心马上清醒！我不知道在崩溃的边缘自己哪来的毅力，或许父母此时此刻都还在为我打拼，这就是我必须坚持下去的理由。那刻我发现其实所经历的辛酸和难熬都要靠“再多撑一下”的信念继续下去，直到站在最高的舞台，发出最耀眼的光芒。

诚然，我们的生活里不能只有学习、成绩、分数。高考绝对不是孤注一掷，也并不能算我们生命中最重要的东西。但是，想要成为一匹黑马，就必须付出相应的代价，要有“不破楼兰终不还”的精神。高三生活越单纯越好，特别是在最后阶段，让我们全身心投入学习。无数人已经证明，在学习方面，勤能补拙。“没有方法，就用时间来弥补，没有时间，就挤出时间。”

高中三年，不是三天、三个星期、三个月。在这三年里，若是浑浑噩噩地过，纵使再多给你三十年也不够。要想获得高考成功，就要抛掉过去让自己失败的学习习惯和生活态度，拿出更多激情，拿出你青春的全部疯狂！

在逐梦之路上，别忘了答应自己要做的事情，别忘了自己要去的地方，无论有多远、有多难。将来的你一定会感谢现在拼命努力的自己！

这个夏天结束，我将在燕园开启新的旅程。我还想成为夜空中最亮的星。

愿，我能，你也能！

我的高中

姓　　名：岳　壮

录取院系：工学院

毕业中学：内蒙古自治区呼和浩特市第二中学

获奖情况：全国中学生英语能力竞赛三等奖

全国高中物理奥林匹克竞赛（省级赛区）三等奖

全国高中化学奥林匹克竞赛（省级赛区）三等奖

的确，如果我们因一时的进步就想着保住自己这次得到的优势，就会在面对题目时患得患失，不敢轻易下手，亦不敢轻易放弃，从而使自己在考场上的心态受到极大影响，自然会遭受极大的退步。较好的做法是无论之前取得什么样的成绩，都将其忽略，保持进攻姿态，只想着像一个战士一样发挥出自己全部所长，去争取自己可能拥有的最大胜利。

借这篇文章，我想分享一些我的高中经历，对学弟学妹们或许会有可借鉴之处。

中考过后，我进入呼市二中，学校和班级的氛围对我产生了非常大的影响。同学的互助、老师的引导、学校的关注……这些无一不是我高中收获的巨大财富。当然，这些也许是很多优秀学校的共性，只需要我们心怀感恩，最大限度地发现身边的美好。无论我们收获怎样的成绩，日后走向哪里，感恩永远是我们心中最深刻的主题。

感恩最深，理想最远

我们都很清楚理想和信念对一个人的作用。就我而言，并不是在高中，而是在很早以前，就已经将北大作为了我高考的目标。后来，我也一直保持着这样制定目标的习惯：总把目标定得看似遥不可及。我相信，如果向着高目标去努力，即使失败，也

很可能到达略低一些的位置；但如果刚开始就把低一些的位置定为目标，也许最终完成目标但也心有不甘。学习过程中，我们总需要一些自己制造的压力和随之而来的发自内心的强大动力，所以制定高一些的目标不失为一个好方法。

有了目标，还需要有达到目标的具体方法。在高中，我十分重视多角度学习同一个知识点这种方法。为做到这一点，我常在课后与同学交流，并参加各科补课班，希望通过两个老师的不同讲解来加深自己对问题的理解。三年下来，我感觉这样的确很有效，不仅为我夯实了基础，也使我对一些问题有了更进一步的理解。

我的另一个可以交流的经验是关于学习时间的安排。进入高中，起早贪黑几乎是每一个学生都会经历的情况。在高一、高二时，我也经历了从晚上十一点到十二点，再到深夜一两点的过程。虽然一直能坚持，但有时会对我第二天的前几节课的状态产生一些影响。时间一长，这种影响就很难忽略了。后来，我接受老师的建议，晚上早睡，中午不睡。这样做有三个原因。第一，中午时间较短，再加上各种因素导致一下子睡不着，实际上睡的时间并不长，而如果用中午时间来学习，在食堂吃过饭后直接去图书馆上自习，至少能学两个小时。第二，我们的时间安排该考虑与高考尽可能相合，高考当天虽然中午时间更充足，但在高考的压力下中午很可能睡不着或睡不好，平时习惯了中午睡觉，高考时难免会受到影响。第三，中午不睡还有一个好处，那便是这些时间可以稳定地分配给英语和语文。我一直感觉英语和语文的学习没有什么诀窍，只是每日如一地给这两科分配时间，最终自然会有收获。中午时间比较特殊，学习其他科目的效率都比较低，正好可以用来学习英语和语文。

接下来谈一谈如何面对诱惑。在学习过程中，一些诱惑让人

无心认真学习实属正常，诱惑早已成为我们学习与进步的大敌。高一时我曾经一度迷恋网络小说，那是我学习历程中最黑暗的一段日子。刚开始只是睡觉前看几十分钟，随即愈演愈烈，甚至有过连续几天用手机看小说到凌晨四五点钟的情况。晚上睡不够，自然得白天补觉，我数次课上勉强打起精神听课的情况被班主任察觉。老师找我谈话几次后，我说出了实情。让我至今感激的是老师并没有批评我，也没有告诉家长，只是给我讲明道理，一再叮嘱我不能再犯。老师对我的关怀实在让我无地自容。当天回家后，经过反复考虑，我将手机交给爷爷，从此后高中接近三年，我不再持有属于自己的手机，即使真的需要与人联系，我也会用后交还。

经历了这件事，除了对老师的感激，我也对诱惑有了新的认识。我感觉，面对诱惑，每个人都有“理智期”和“非理智期”。在“理智期”，我们知晓自己的任务所在，对诱惑有着极高的抗拒性；而在“非理智期”，人与人之间并无差别，会为了一时的心情放松而暂时忽略一切。因此，面对诱惑，一方面，我们必须明确自己的理想和目标，坚定努力向前的志向，并时刻提醒自己陷入诱惑后的恶果，从而使“理智期”延长；另一方面，我们必须在“理智期”未雨绸缪，创造一系列不利于诱惑滋长的条件，从而使自己即使进入“非理智期”，也不得不与诱惑远离。这样看来，我们无时无刻不在与诱惑斗争，而斗争结果在很大程度上决定我们日后到底能走多远。

还有一件事需要提到。刚刚进入高三时，我不慎被开水烫伤了双脚，右脚较严重，无法弯曲和触地。在这种情况下，我想到了让同学帮忙录下一天的课，我在家里听，尽量与其他同学保持进度相齐。但与父母商量后，我们最终决定坚持去学校。在接下来的一个月，我在家人的帮助下，利用双拐，每日坚持到校，包括自习在内，从未耽误一节课。对这件事，一方面，我充分认识到好的氛围对一个人的重要作用，没有家人、老师以及同学的关怀，我这一个月很难坚持下来；另一方面，我看到了方法的重要性，同样是选择坚持，我的父母为我选择了最好的方法，即使因伤在校效率不高，我们也选择到校，时刻感受班级内的浓厚学习氛围。这次坚持对我日后的学习影响很大，它让我知道，有时，真的不是我们的天赋有多好，而是我们的心有多强。

以上就是我高中里的一些经历，能进入北大，偶然因素必然存在。但回首这些经历，我还是可以从偶然中看到属于我的那些必然。

接下来，我将从三个方面具体介绍我高中的一些学习思路。

选择

我能在高考中取得好成绩，在压力下从容地展现自我，得益于我学习过程中做出的几次正确的选择。

我高中的物理老师李宏斌曾说过一句让我十分受益的话："不要当一个赌徒。"高三复习过程中我们在物理选修上一直侧重于动量部分，做了大量相关的习题，按历年高考情况来看是不会出现任何问题的。而在备考最为紧张的高三下半学期，李老师建议我们认真准备有关波的内容，不要以历年高考情况为筹码，赌上自己的前途。反复考虑之后，我按老师所说重新规划复习。在高考考场上，面对动量选修毫无头绪的我立即转向波，不仅做出了题目，更稳定了自己的心态，使我在高考甚至人生路上走出了重要一步。

从这件事上我得到的启发是：面对人生的变化莫测，我们最好的选择是从多方面做好准备，哪怕为此付出更大的努力；而不是为一时轻松选择当一个赌徒，使自己被命运玩弄于股掌之间。

显然，我们身边充满了选择。有的选择虽然做起来不容易，但实施起来并不十分困难。而还有一些选择不仅难以实施，甚至很难被我们发现它的存在。正是这样的选择潜移默化地改变着我们。

曾听到有人抱怨自己高三每天起早贪黑、拼尽全力地去学习，却仍然无法提高自己的成绩。其实，这种情况实属正常。进入高三，几乎每个人都有了巨大的危机感，高三冲刺无果往往不是因为自己不够努力，而是因为所有人都在努力。在高三才开始赶超的人其实是做了一个很难产生较大影响的选择。

在我看来，真正决定一个人的高度的选择并不发生在局势紧迫时，面对许多早在高一甚至更早时就全力拼搏的人，高三才紧张起来已很难产生大的影响。这就是一种选择，一种可以早面对，亦可以晚承担的特殊选择。但只有那些早早做出选择并执行到底的人才能找到提升自我的钥匙，为自己的未来提供更多的选择机会。

总结

在整个高中，总结这种方法对我起到了不可替代的作用，尤其是在高三，通过看总结来梳理思路的做法使我受益良多。

有不少人认同总结的好处，而真正进行总结并从中受益的人却并不多。主要原因在于总结这种做法的好处在短期之内很难体现出来，它的威力只会随时间推移慢慢显现出来。此外，总结过程中的深入思考加上多次的复习也会占用较多的时间。

针对这些问题，我认为我们可以尽量简化总结时的书面内容，如果可以，最好只在本上写自己从某道题上得到的新思路，

原题则不抄或剪贴。相反，对总结的高频率复习必须投入大量时间，以克服缺少例题和解答而事后易忘的弊端。多抽时间看总结，直到达到看到思路就能想起对应题目的地步。这样总结的作用才能真正地发挥出来。

我总结出来的各种规律是：数学、物理侧重新思路；化学、生物侧重易忽视的知识点；语文、英语的侧重面则较广，需要在多方面进行长时间的积累。

当然，这并不是说其他方面就不重要，很多细节上的问题是每一科都需要重视的。需要强调的是，当频繁出现某一类“低级”错误时，如计算过程中丢掉平方，计算结果数量级有误等，不要小看这些问题，要予以认真对待并加以解决。这可能是因为自己在草稿纸的使用和解题习惯上出现了问题。在考场上这类问题导致的失分又多又让人难以接受。遇到这些情况，一定要及时找出原因，并认真总结，平时的简单几笔很可能成为考试时的制胜法宝。

姿态

众所周知，在我们的学习和生活中，心态是十分重要的。而在很多时候，我们的心态取决于我们的姿态。

刚刚进入高三时，我曾在一次考试中取得了之前难以想象的好成绩。我没有因此而骄傲，反而更加努力，希望能借此取得更大的突破。让我失望的是，在后面一次考试中，我竟收获了一个完全出乎意料的糟糕成绩。我反复思索，究竟在什么地方出现了问题，那段时间我确实一直很努力，一直想不明白我错在哪里。于是，我带着疑问向班里一直以来各方面都极优秀的一名同学求助。了解了我的情况后，他并没有深入询问我的学习方法，而是

直接问我上一次获得好成绩后是否有姿态上的变化。这次谈话使我豁然开朗，可以说彻底改变了我之后的高中生活。

当时那位同学给我的建议是：永远不要做一个防守者，无论收获怎样的成绩，都要保持进攻姿态。的确，如果我们因一时的进步就想着保住自己这次得到的优势，就会在面对题目时患得患失，不敢轻易下手，亦不敢轻易放弃，从而使自己在考场上的心态受到极大影响，自然会遭受极大的退步。较好的做法是无论之前取得什么样的成绩，都将其忽略，保持进攻姿态，只想着像一个战士一样发挥出自己全部所长，去争取自己可能拥有的最大胜利。这样，我们才能胜不骄、败不馁，不给自己丝毫留遗憾的可能。

至此，我的学习方法介绍完毕。衷心希望每一个追梦人都能稳步向前，实现自己的人生理想。

因为梦想，所以坚持

姓　　名：张梦茹

录取院系：心理与认知科学学院

毕业中学：河南省林州市第一中学

获奖情况：第五届全国中学生数理化学科能力展示活动河南省化学一等奖，物理二等奖

第四届全国中学生数理化学科能力展示活动河南省物理一等奖，数学二等奖

我们都是追梦的孩子，为了心中的梦想，不惧风雨、不畏艰难，只愿依靠自己的力量，一步一步地往前走，期待着离梦想更近一点，再近一点。

收到通知书的那天早上，我和爸爸站在邮局门口，很高兴地为通知书拍了很多照片，就连那天早上的阳光我也觉得格外的明媚。怀抱着通知书回到家，心情依旧像漫步在云端，幸福的飘飘然。

看着我的书桌，抚摸着我高中三年的课本和资料，觉得自己真的是值得的。课本和资料摞起来占了小半个书房，整个高中我一笔一画地记了十几本的笔记，做了一张张密密麻麻的试卷，现在回首，往事依旧历历在目。

高一入学时，妈妈对我说：高中优秀的人会很多，你又要强，会很累的。我笑了笑，以最平常的心态迈进了校门。在这个班集体里，每个人都是那么的优秀，我陷入了深深的自卑当中，觉得自己不如别人聪明，不如别人基础好，没有那么文艺范儿，也不是什么“大神”。我买了很多的本子，然后一遍又一遍地整理错题。我觉得函数很难，就提前预习，把两本资料做了两遍，把不会做的题做了十几遍。一个星期以后，我比老师的进度快了三四节课，这也保证了我有更多的时间来消化和整理知识。我觉得自己记性不好，就把老师上课说的每句话都记了下来。我觉得自己做题比较慢，中午就少睡 20 分钟，多做一道数学大题。那个时候，我最享受也是最幸福的时刻就是自习课上我认认真真地钻研

一道难题，然后把它做了出来。

功夫不负有心人，我在补课结束的摸底考试里考了年级第一名。那是我进入高中后考的第一个第一名，我看到了方向，看到了光明，然后更加拼命地向着我的梦想奋力前进。

有一次班会，班主任让我们写理想，我果断地写了北大。我就是喜欢北大，没有理由的喜欢。后来有人问我理想的大学是哪所时，我都是斩钉截铁地说："北大!"现在想来，北大真的是作为我的梦想，支撑着我一步一步地走过来的。

高一下学期分文理科，在文科中我的历史成绩比较差，而在理科中我的化学成绩很不好，所以当时我纠结了很久。后来我征求了父母和班主任的意见，在意见表上填下了"理科"。虽然选定了理科，但化学确实是我的硬伤，于是我想尽一切办法提高自己的化学水平。化学的知识点比较零碎，我就把做题时遇到的没见过的知识点都抄到了课本上的相应章节，一有时间就翻看。每节课下课后我都会在座位上再坐一会儿，把老师这节课讲的内容从头到尾地回想一遍。如果有什么不确定或者想不起来的地方，就再看一遍，以加深印象。这样坚持下来，我的化学成绩渐渐不再是原来惨不忍睹的模样了。

高二的时候，一直以来顺风顺水的我遭遇了高中的第一次打击，考了年级第十九名。那天晚上我写了很长一篇日记，然后去找班主任谈了很久。最后，我在本子上写下了"北大"两个字，然后更加努力。整个高二，我几乎每天都会用完一支笔芯，一闲下来就去阅览室买资料做。我也不记得当时自己到底有多疯狂，只记得每次累了，就看看本子上的"北大"两个字，然后问自己：你真的就只有这样而已吗？不想再多努力一下，不想再往前进一步吗？有的时候压力大得想哭，有的时候真的觉得自己已经坚持不下去了，但是每当我想要有一丝懈怠的时候，都会看到我亲爱的队友们还在奋力拼搏着，为了各自的梦想不顾一切地努力着，我就会觉得自己这么轻易放弃实在是太对不起自己当初的豪言壮语了。狠狠地鄙视了自己一通之后，把 QQ 的签名改成了：自己选择的路，就算跪着也要走完。我想有一天能够骄傲而且自豪地说出“我的北大”这四个字，所以我不能有所畏惧，更不能后退。

高二的暑假我参加了北大的体验营，见到了来自全国各地的“大神”们。他们有的多才多艺，有的博览群书……面对着各种各样的厉害人物，我深深地感受到了自己的不足。当我看着他们闪着自信光芒的微笑面容时，我发誓我一定要成为他们当中的一员。漫步在北大的校园里，看着北大的学姐学长们探讨学术，参加北大教授的讲座……我又觉得我距离我的梦想这么近，触手可及的距离。

从体验营回来以后的日子却把我的美好感觉粉碎得一干二净。返校之后，我接连四次考试都是三四十名，物理选择题无论怎么选最后都是错的。一次又一次的打击之下，我处于一种极度的不安和焦虑之中，我开始害怕考试，害怕面对老师，害怕面对自己，更害怕面对我的梦想。

课上老师关切的眼神，一遍又一遍地确认我没有任何的问题。课下老师耐心地讲解，尽力帮助我度过低谷期。而我只能在自习课上不停地刷题，希望自己的努力可以换来上天的眷顾。可是每到考试我就发现自己的努力又一次被现实无情地打了一个叉号。我开始怀疑自己，质疑自己到底是不是做了正确的选择。我真的不想也不甘心止步于此，就这样悄无声息地淹没在芸芸众生之间。所以我只能再努力一些，再往前走一步，不管这一步究竟有多小。只要保证自己一直在前进，我就不会后悔。

高三第一次大型考试之前，班主任和我谈了一次心，她开门

见山地问我：“你是真的非北大不上吗？你真的想上北大想到一种不顾一切的地步吗？”我沉默了一会，入学以来的酸甜苦辣依旧历历在目，我发现我内心深处的自己是真的不想放弃，更不想让自己拼命走到现在的一切努力都付诸东流。我们平心静气地谈了好久。最后，我决定抛开所有人对我的期待，只是为了自己，为了那个从内心深处爱着北大的自己而继续义无反顾地拼搏。班主任又一次帮我确定了自己的方向，让迷茫的我能够再次向着一个方向前进。

期中考试之前是清华的领军计划评选，我的总成绩排第四名。期中考试过后，是北大校长实名推荐的评选，我要想得到这个名额，就必须在期中考试中超过前两个人。在大家水平都差不多的情况下，想要一次考试超过别人二十多分，说难不难，可也确实不简单。但我对北大的满心向往由不得我考虑这么多，我只能继续努力。考试前的一个星期，从来到学校一直到离开学校，我一直坐在座位上，上课的时候除了听老师讲课就是抓紧一分一秒的时间去刷题。几乎从不在家学习的我，晚上回家后也是迅速地洗漱好就直接坐在床上背书。一个星期内我没有和同学说一句废话。就这样疯狂了一个星期，直到最后走进考场的时候，我没有任何杂念，只是把自己最好的水平发挥了出来。最后的结果也真的是不负我的努力。

然后整个高三都是在疯狂刷题中度过，学校发的每一张试卷我都做过。阅览室里的资料，除了一些比较简单的以外，我几乎都做过。以至于我最后再去阅览室还要等着资料的更新。我们都是追梦的孩子，为了心中的梦想，不惧风雨、不畏艰难，只愿依靠自己的力量，一步一步地往前走，期待着离梦想更近一点、再近一点。

进入百日冲刺后，我把高考前需要背的知识全部写下来，然

后根据任务量分配到每天的早自习上。疯狂刷试卷的时候，我也规定自己必须在一定时间内做完一套试卷。在平时下课的零碎时间里，我一般都会选择翻看错题本。做题的时候，如果突然想起来哪个知识点不太清楚，我会先把它记下来，等做完试卷以后再重新记忆那个知识点。阅读英语文章的时候，我会把一些出现频率高的生词圈下来，专门找时间整理记忆。养成了这个习惯之后，哪怕我在考试的时候都会顺手圈出来生词，等考完之后再去查它们，进行记忆。高三一年，我把五本生物书背了无数遍，把六科的错题本和笔记本也翻了无数遍，几乎是处于一种不管不顾的状态之中。现在再想想，真的觉得当时有一种不成功便成仁的悲壮在里面。

三轮复习的考试连番袭来，五天一个周期，考两次。每天忙得几乎喘不过气来。路上的每个人都是行色匆匆，我们被学校每天更新的倒计时牌追逐得只得拼命奔跑。每当我偶尔抬起头时，会发现忙于讨论问题的同学们嘴角挂着的是充实而满足的微笑。一连八次考试，每次结束后我都会重新考虑自己的时间安排是否恰当，并且分析出现错误的原因，认真地反思是否还有什么地方可以加以提升。不断地反思，不断地进步，不断地成长。渐渐地，我从刚开始的抗拒考试到后面的淡然处之，再到最后已经可以在毫不知情、没有任何准备的情况下心无杂念地走进考场，以自己的最佳状态做完试卷，发挥出自己的正常水平。

高考前一天晚上，我去学校与同学们一起上自习，同学们或者翻看错题本，或者继续做题找手感，而我呆呆地看着面前的笔记，心里充斥着满满的不安，然后泪水就突然流下来了。下课后，我趴在楼道的栏杆上再一次地注视着我们的校园，回想着我高中三年的生活，有苦有甜，有欢笑有泪水。有个同学问我怎么了，我说我害怕。他笑了笑说，没事，不管怎么样，都没什么，

至少你努力过，没有任何遗憾。我也笑了笑，觉得自己既然已经努力了这么久，就应该相信所有的努力都会得到回报的，又何必纠结于这些在目前看来毫无意义的问题呢。

第二天坐在考场里，我的心处于一种从未有过的平静之中。最后的一战，我毫无畏惧，坦然相对。我渴望与北大倾心相爱，把我年少轻狂的岁月全部倾注在了通往她的道路上，那我为何不能相信自己，相信我最心爱的北大一定会听到我的心意。两天的考试，我觉得我自己很淡然。直到英语考试结束的信号发出，我也再没有之前的紧张和恐慌。我只是静静地等待着，等待分数出来，等待我的心意得到回应。而这一切都来自我的努力和我对梦想的渴望。

这样看来，似乎高三也很是简单，只需要你坚定自己的方向，无惧挫折，无惧磨难，战胜自己的内心，没有彷徨，一路向前，就可以迎来最后的绽放。

其实我的故事很普通，在人群中的你，或许就和我一样，正怀揣着梦想，或正历经彷徨。我想告诉你的是：梦想，并不排斥彷徨，只要你不忘初心，朝着梦想的方向前行，总有一天，我会在梦想的彼岸等到你。

那些年磨炼的心态

姓　　名：赵　帆

录取院系：化学与分子工程学院

毕业中学：河南省郑州外国语学校

获奖情况：2013年全国高中数学联赛（省级赛区）二等奖

2013年全国高中学生化学竞赛二等奖

2013年全国中学生生物学联赛三等奖

与身边拼命刷题的同学相比，一些并不适合搞题海战术的同学就要放正心态，切勿盲目跟风。每个人的学习方法不一样，学会在众人中保持自己的节奏，也是一种稳定良好的心态。

高考之后，已经很久没有静下来写过什么东西了。曾有许多学弟学妹或是家长追问我的学习经验和秘诀，我却总是不知如何回答。我并没有许多前辈们“日刷理综”式题海遨游的毅力，也没有许多同学那一摞密密麻麻的错题本，甚至直到最后几天，都没有每周、每日的学习计划。我想我如愿以偿进入北大的法宝，恐怕只能是“心态”二字。

三年以前就听说过一位学长的故事，从前他总是在面对考试时过分紧张，也因此多次在大考中失利，甚至在重要的竞赛中落马。然而在老师的悉心指导下，他渐渐克服了这种“大考恐惧症”，最后考入名校。在多年的学习生活中，我见识的各路“大神”风格各异，他们可能没有过人的勤奋，没有令人羡慕的智商，没有冷静清晰的头脑，但有一点是相同的，那就是他们全都拥有常人难以企及的心态。不好的心态有千千万万，良好的心态却总是相似，常被夸奖心态最好的我，就在这里分享对磨炼心态的些许经历吧。

磨炼之路

也许上天注定我会拥有良好的心态，因为我有一对开明的父母、开放的家庭氛围。姥爷是中华人民共和国成立后就工作的老牌教师，一直用“散养”方式教育子女。妈妈对我的要求也不高，简单概括就是四个字：安全健康。没错，他们对我的学习成绩没有任何要求，只说尽力就好。正是因为这样，我从小就养成了对成绩单不“过敏”的好习惯。不被考试束缚、学习只为兴趣的学习模式，使我潜力十足。

我小学六年的学习，都处于一种“考好了，第一名；没考好，第二名”的状态，学习压力甚小。然而一进初中，遇到了来自各个优秀小学的强手们，在初一时我着实慌乱了一阵子。幸好所在初中的宽松氛围并没有给学生们太大压力，排名几乎不公开，老师们也致力于挖掘每个学生的个人潜力和培养学生的学习兴趣。现在想来，初中的老师对一个学生心态的培养至关重要，因为就是在这个阶段，成绩被第一次放在一个比较重要的位置，我们要经历第一次算得上重要的考试——中考。

中考的体育考试，由于器材的原因，我并没有考出预期水平。然而老师的一句话却让我再次有了斗志：“还有两个月，文化课考试多得十分不是问题!”从那时起，我开始专攻弱项学科，每天“泡”在政治老师的办公室里，并不期待政治能考多高，但求上考场时内心无憾。心态决定成败，中考时，我的政治考出了全市前十名的好成绩。

与高中的经历相比，初中的几许波折无疑又成了“过家家”似的玩闹。进入全省数一数二的名校，竞争压力不言而喻，更何况是在人员千挑万选的竞赛班里。高一的我们，竭尽全力适应着三点一线的生活，每天恨不得起得更早些，睡得更晚些。然而渐

渐地，我发现这样高强度的节奏并不一定会带来好成绩，反而会使人精神紧张，也不容易发挥好。于是，我开始调整心态，开始学会通过适度娱乐来放松自己，把名次看淡，高中的学习模式逐步稳定。

高二时我迎来了更强的冲击：年级最优秀的班级被打散，同学们分别被分到了我们班和隔壁班。班里开始人心惶惶，每个人都在衡量并努力缩短着自己与新同学之间的差距。也是在那时，我又一次见识到心态的重要性：有的同学并不适应高强度作战却盲目跟风，成绩一落千丈；有的同学仗着功底深厚懈怠学习，成绩直线下滑；而有的同学却能不急不躁，做好自己的事，保持自己的节奏，从而稳步提升。

高三是考试的一年，各人心态如何，最终都要在实战中经过检验。刚刚开学我就经历了各大竞赛的轮番轰炸：对从来没学过的生物竞赛，抱着重在参与的心态准备了一个星期，居然也拿了三等奖；停课半个月准备数学竞赛，对成绩怀有过大的期望，结果在一试中就发挥失常，中场休息时一直用散步来稳定心情，终于在二试中扳回一城……

保送生考试转眼就到了，当时我刚从竞赛的战场上下来一星期，只得再次打这场没有准备的仗。虽然选拔成绩优秀报上了北大，但在最后的面试中被认为“不适合学小语种”，从而成为学校里唯一的被淘汰者。这可能算是学习道路上最难熬过的一次打击了，我哭过、发泄过、消沉过，一个月后才重新找回状态。但也因这次经历，让我把升学这件事看得更淡，心态更平和。没时间准备自招了，就自我安慰：没关系，反正“裸奔”的心态是最好的。我想就是这种心态，使得我在自招中顺利过关。

高考前由于有了加分，抑或是自己本就不是能紧张起来的性格，并没有体会到大多数人考前的抑郁与抓狂，就这样走进了考

场。成绩出来时，面对比估分低了十多分的现实，也只是一笑而过。

结果如何并不重要，重要的是一路走过、经历过、哭过也笑过，就像有一句话说的：一切终将过去，而那过去了的，会成为美好的怀念。

经历了大起大落的我，在这些年总结了许多不同时期调整心态的方法，下面就是一些个人心得。

平时心态（学习）

大考毕竟只在一年中的某几天，大多数时候，我们都在紧张忙碌的上课、作业、模考中度过。因此，这段时间的心态调整尤为重要。

总的来说，以怎样的心态对待学习？

对这个问题，也许首先要想想学习的目的。就我自己来说，由于家长没给什么压力，我学习的动力一向是对知识的兴趣。每次发下新书我都会迫不及待地开始翻看，因为又会知道不少前所未见的新知识。这样的学习生活无疑很快乐，当你把听课、做题、讨论都当成一种兴趣爱好时，成绩自然不用担心。

“学一科，爱一科”的心态其实不难锻炼。不要用太功利的心态看待学习，比如每天只想着下次考试成绩如何；反之，可以这样想：我今天学的知识可以怎样拓展？与现实生活有怎样的联系？像数理化生这些基础学科往深处想都是非常有趣的：数学中的计算柳暗花明；物理中的运动奥妙无穷；化学中各色反应令人目不暇接；生物总让人惊叹于大自然的奇妙。如果还爱不上，不妨试试在课外拓宽眼界吧，读完《三体》就有了学好物理的欲望；各种关于数学之美的丛书绝对令你不再讨厌数学；多看几部美剧，觉得英语似乎也不那么枯燥；甚至可以亲手做几次化学实验……

最近突然什么都学不会了怎么办？

仿佛突然间，课听不懂了，作业大片大片不会，小考中成绩也不满意。我只想说，这种经历再正常不过，稳住自己，熬过去就是一片新天地。初三的二次函数，高二的物理电磁学、生物遗传学，几乎是令每届学生都头疼的问题。是否跨过这些坎，并不完全取决于学习能力，更取决于自己的心态。

倘若还没深入学习就先产生恐惧，想必学习是非常痛苦的，中途放弃的可能性也会更大。而一旦放弃，第一次可能没什么，积少成多就是一个个知识漏洞，以后很难弥补。因此，在最开始就要相信自己，一定能迈过去。再说，教科书又不是为门萨俱乐部设计的，只要稳扎稳打，谁都可以学得会。

勤奋一定能有好成绩吗？

一直想反驳勤能补拙的观点，这个词实在是误导了一些人。我有一个天赋并不差的同学，高一时且学且玩耍，成绩一直不错。高二时面对合班冲击，节奏被打乱，开始过上了过度疲劳的生活，结果是越学压力越大，身心俱疲。盲目勤奋并不一定能补拙，补拙更需要正确的方法和态度。

与身边拼命刷题的同学相比，一些并不适合搞题海战术的同学就要放正心态，切勿盲目跟风。每个人的学习方法不一样，学会在众人中保持自己的节奏，也是一种稳定良好的心态。

平时心态（娱乐）

“狗一样地学，绅士一样地玩。”这句话不知难倒了多少学子，其实在紧张的学习生活中，适当发泄也未尝不可，并不一定要“绅士一样”。

矛盾心理：Play or Not?

想必大多数人都有这样的困扰：想玩又怕耽误学习，到底是玩还是不玩？直到高三的最后关头，每周末我也会玩一会儿游戏，玩的时候就心无旁骛，忘掉一切有关学习和考试的事情，玩舒服（通俗地说）之后学习会更加专注。一旦开始学习，我也会全心投入，偶尔想起游戏的事情，要学会自己强制掐断。

当然，有些同学觉得自制力不强，那还是建议最好从刚开始就不要玩，不过大多数人是可以控制自己的。劳逸结合是亘古不变的真理，娱乐不是万能的，但没有适当娱乐是万万不能的。

干哪一样都不开心，怎么调节？

玩的时候心里挂念着作业，玩得不开心；学习时又老想着游戏里的事，什么书也看不进去。这时候就又需要调整心态了。

学习时总想着娱乐的时光，可以暗示自己停下来，如果实在不好停止，最好的方法是戒掉这种娱乐另换一种，因为这可能说明这款游戏容易上瘾。只要控制好娱乐时间，养成一种习惯，谁都可以做自己的主人。

平时心态（人际）

生活在一个学校里、一个班级里、一个寝室里，每天与人打交道必不可少，培养人际交往中的好心态，不仅对学习方面大有裨益，而且还能提升自身境界和修养。我见过成绩很好却一天不开口说上三句话的“闷葫芦”，也见过不懂得包容、凡有不顺心就要发脾气的“火药桶”，当然这些都是不可取的。

家长对学习关心方式不当怎么办？

有的家长对学习成绩过于注重，甚至到了苛刻的地步；有的家长对学习情况一知半解却想指导一二，这些都令学生烦恼不已。不论是哪一种，家长对孩子的关怀都是毋庸置疑的，除了亲子间深入地交谈解决问题外，调整自身的心态也非常重要。如果家长过分关注成绩，自己不妨将其看淡些，不要让家长把自己逼得太紧，搞得压力过大、精神紧张。如果家长不太了解情况却有时喜欢做些评价，那就认真思考后去粗取精，不必乱发脾气或生闷气。

对老师的一些负面心理如何克服？

如果某个老师曾经批评过你，你对他的反感或恐惧心理就可能产生，其实这些都是完全不必要的。如果批评得不对，毕竟人无完人，何必与老师也与自己过不去呢？忘掉就好。如果批评得对，也没有必要害怕老师，老师并没有讨厌你或要打压你，只是对你要求严格了一些，有什么好怕的呢？有的同学甚至觉得自己比较笨，不敢去找老师问不懂的题，导致问题积压过多，成绩下降。其实老师都是喜欢学生去请教问题的，每个人的问题不同，并没有高下之分，放松心态，大胆提问才是正确做法。

同学之间有矛盾影响学习怎么办?

同学之间发生摩擦的情况太多太多，解决办法也千差万别。而我只想说一句，不要用别人的错误来惩罚自己，如果大动肝火，受害者还是自己。因此，不论发生什么，保持心平气和，永远都要走在任何处理方法之前，尤其是在高三的关键时期，更要保持平和的心态。

考前心态

有多少个考试，就有多少个“考前”，考前的几天甚至比考试时更令人抓狂。像我们班，大考之前，如果不是万籁俱寂、鸦雀无声，就一定是人声鼎沸、纸飞机狂轰滥炸……这或许能反映出考前大家普遍不同平常的心态吧。

考前无法投入学习怎么办?

从实际情况出发，即使这两天真的无法投入学习也无伤大雅，因为前面的基础已经奠定，临时抱佛脚收效一般都不会太好。不妨以此来安慰一下自己吧，也许下一节课，你就不知不觉地再次沉迷于题海中了。

考前对考试成绩过于担心怎么办?

无数次实践证明，对结果看得淡些，反而能发挥得更好，当然这并不是说完全不把考试当回事。最好的心态是积极准备，看重过程，看轻结局。如果实在做不到如此淡定，就让自己忙起来吧，比如写一套数学卷子，一晚上很快就过去了。

考中心态

见过很多关于考试时缓解紧张感、调节心绪技巧的文章，方法层出不穷，但我自己的体会还是清空大脑一分钟效果最好。考中可能会出现各种各样的问题，比如大脑突然短路、看到熟悉的题却没有思路、看到完全没有头绪的题等，虽然每个人都有一套自己的应对方法，保持良好的心态还是重中之重。

我的初中班主任对考试心态有两点独到的见解，对班里许多同学影响都很大，在此拿出来分享。一是考试结果基本上取决于自身实力，如果有能力的话就算有误差也绝不会名落孙山。许多“学霸失误落马”的传闻大多可以当作炒作而不必深信，那很可能是那个人自身的知识体系并不完整，所以被不熟悉的题目击垮。拼“人品”、考前祈祷或对改卷老师担心过重，都不如踏踏实实复习更重要。二是粗心并不能成为考砸的借口。正如第一条所说，改卷的误差不会太大，许多时候，看似粗心的题其实是知识掌握得不牢固。我的初中班主任有句名言：“99 分与 100 分并不只是一分之差。”99 分的知识漏洞可能并不止于此，而能得到 100 分，说明知识覆盖已经比较全面。如果抱着这样的心态去参加每一次考试，相信进步指日可待。

考后心态

有的同学一考完就心急火燎地对答案、估分，常常使接下来的几天都失去了好心情；有的同学一考完就把一切忘掉，到出分的那一天就如“范进中举”一般。这些都是不可取的。学习生活中并不是只有一次考试，考后的时间也是下一次考试前的学习时

间，如果不能调整好心态，不仅浪费了大把时间，还会造成恶性循环。

究竟要不要对答案？

对这个问题，老师们的建议也鲜明地分为两派，且各自拥有充分的理由。我认为，当所有科目全部考完时对答案应是最明智的选择。考完一科对一科需要有强大的心理素质；而因为卷子发下通常需要一段时间，都考完后不对答案势必会影响查漏补缺的效果。

总之，对答案的情况因人而异，不论怎么做，考后心态调整都是必须的，用一颗平常心对待考完的科目才是正确的做法。

怎样对待成绩？

对待不错的成绩，需要不骄不躁，静下心来关注错题，以及一些“蒙”对的题。因为很可能这次的考试对你“胃口”的题目较多，而那些错题就可能是使你下次“落马”的漏洞。

对待不理想的成绩则更要求理性，错题自然需要更加重视，更重要的是从大的方面对考不好的原因进行分析。

絮絮叨叨写了这么多，文字虽朴实，心愿却很真诚，就是希望广大学弟学妹们在繁忙的学习生活中磨炼出最佳的心态，不仅借此实现自己的学业理想，更在今后的道路上走出人生精彩！

蓦然回首，重温那些过往

姓　　名：陈可心
录取院系：信息科学技术学院
毕业中学：北京市第二中学
获奖情况：北京市优秀学生干部
CASIO 杯全国中学生英语演讲比赛北京地区复赛二等奖
北京市高中学生化学竞赛三等奖
北京市高中应用物理竞赛预赛二等奖
北京市中学生数学竞赛初赛三等奖
全国中学生生物学联赛北京市预赛二等奖

高三的确有压力，高考的确残酷。然而，这也是人生难得的一次历练。上天厚爱我们，给我们安排了一年特殊的人生之旅。走过了高三，我真的发现自己学会了很多，也成长了很多。希望学弟学妹们也能用一种平和稳定的心态去看待高三，去挑战高考，让自己的心里充满阳光。

仿佛做梦一般，高考、查分、出分数线、领录取通知书，在这一个多月的时间里，我为十二年的学习生涯画上了圆满的句号，同时也翻开了自己人生的下一篇章。从最初的美好憧憬到北京大学的大门真正对我开启，巍巍博雅塔、融融未名湖不再只是牵挂和惦念，而是未来四年日日可见的风景，我心中确实感慨万千。而今梦想成真，我成为光荣的“北大人”，回望那些过往，回味些许途中的小感想和小故事，希望能和学弟学妹们分享。

习惯比方法重要

在他人眼中，我十二年的成长和学习生活可谓一帆风顺。我在小学时学习成绩优异，直接被保送到优秀的初中，提前签约到理想的高中，始终没有经历过什么大风大浪，一路平稳地走到今天。老师们常说，学习要讲方法，而不能靠硬拼；而我却觉得总结一厚本的所谓经验方法并没有太大的作用，甚至要我罗列出学习方法都不是件容易的事情。我想，准确地说，我能不断获得成

功大概是因为从小养成的一些适合自己的学习习惯吧，始终坚持、不打乱步伐，并且在小学升初中、初中升高中、高三备考等关键时刻根据新的知识结构及时调整自己，让自己尽快适应新的学习环境。所以我始终认为，习惯比方法更重要。

具体来说，我总结出以下几点，感觉应该对大家都比较适用。

第一点就是做事专注。比如坚持认真听讲。尤其是在高三的时候，许多同学认为课上老师讲的内容都已经会了，就做其他的事情，这样很可能会漏掉老师讲的重点和难点，造成的损失是做再多的题也补不回来的。高三了，一定会有做不完的作业，这很正常，但是千万不能为了完成作业而做出在语文课上做数学题这样的事。提高成绩绝不是只靠多做题就能实现的，大量做题，尤其是无目的、无选择地重复做题意义不大，切记要以掌握知识为目的，而不是以和他人攀比题量为目的。

第二点是要自力更生。在做作业的过程中，常常会遇到一些不会的问题，这时不要马上请教周围的同学或者老师，不妨试一试由自己来解决。应回归到查阅教材或是资料，解题过程中，有时还会联系到其他的知识，也许还会有意外收获。在中小学基础教育阶段，提高能力和学习知识同样重要，而能力提高更多的是在自己解决问题的过程中完成的。当然，在冲刺复习阶段就不能在一道题上反复纠缠而花费太长时间了，最重要的是掌握知识并熟练运用。

第三点则是保持节奏。不论是小考还是大考，我从没有搞过什么考前的临时突击。平时的每一天，我都按部就班、保质保量地完成当天的学习任务，似乎是在匀速地前进、再前进。充分利用好时间就能提高学习效率，在学校认真听课，自习时专心写作业、复习，体育课也是专时专用，多运动。一直盯着课本学习的方法并不可取。但是学习终究是高中生活的主要内容，因此，要处理好学习和其他事情的关系，把握好自己的节奏，处变不惊，才能从容面对每一次挑战和检验。

学习本没有所谓秘诀、诀窍一类的东西，适合自己的才是最好的。比如我做题比较慢，也反对题海战术，我就会专心研究透每一道做过的题目。尽管高三许多练习册都没有做完，我也觉得没有太大的影响。但是反复的练习确实有助于加深印象并提高做题速度，对考试时间的把握也有益处。又如很多同学都会有错题笔记，老师也经常这样建议，整理错题本的好处确实有很多，至少可以重新做一遍错题来检验自己。而我在高三时就没有时间再把错题都整理到本子上，我遇到错题时就会总结一下这道题目的经验或教训，在小本上记下简单的几句话或者要注意的点，这样既节省时间，又方便自己随时回顾。

在学习的过程中，我们要学会摸索、调整、改变，而不能只是盲从别人的方法。自己养成良好的学习习惯才能稳健地走向成功。

状态取决于心态

我们改变不了别人，但是我们可以改变自己；我们改变不了事情，但是我们可以调整心态。有心无难事，有诚路定通。正确的心态能让你的人生更坦然、更舒心。当然，心态是需要自己调适的，只要你愿意，你就可以给自己的一个良好的心态。

或许是性格决定命运吧，我总是平和、从容地面对各种压力和挑战、困难和挫折，人生也没有太大的波澜起伏。开朗阳光、温柔随和的性格让我成为大家心目中永远带着微笑的女孩。我想，正是这份发自内心的微笑，让我能够积极地面对生活，发现

生活中的美好，发现他人身上的优点，成为大家信任的伙伴；也正是因为这份真诚的微笑，让我总是能够很快地融入新的环境，很好地与他人合作。

学习同样是需要一个好的心情的，如果你不能让自己的心里充满阳光，那么你的高三注定是灰暗的。而这绝不意味着你可以“两耳不闻窗外事，一心只读圣贤书”，相反，你应该花更多的时间去和周围的同学相处、交流。无论因为什么原因，当自己的心情持续低落，或者有无法解开的心结时，感到自己无能为力时，一定要及时求助于你的老师、家人和朋友。如果你能主动与他们沟通，把自己的难处说出来，他们都会尽全力帮助你走出困境的。高考是一场没有硝烟的战争，而你，绝不会是孤军奋战的那个。

高三，我们必然会面临繁重的学业压力，面对各种大大小小的考试测验，这尤其需要一个平和的心态。不要因为某一次的成功而沾沾自喜、不明方向，更不必为了偶然的失败而失望、懊恼。但是这并不代表可以不重视每次的考试，不论是校测还是统考，都是给予我们学业准备、学习方法与学习习惯一个照镜子的机会。每次考试后，我们必须仔细分析、总结前一阶段的学习状况，并且及时制定对策。

最难把握自己的就是在高考前学校放假期间，我们学校大约有两星期时间留给同学们自己复习。这有利也有弊，我们可以依据自己的情况来自主复习并查漏补缺，但是心里却总是没着没落的，感觉没有坐在教室里跟着老师上课踏实。我想这段时间也最能检验出自己的自觉性和心态。对于我这个在家就爱闲着的不自觉的人来说，我就选择了到离家较近的大学上自习，在安静的环境里心也能静下来，每天都能有所收获，回家的路上听听歌放松一下，能减轻不少压力。最重要的是要将自己保持在一个最好的学习状态，不要紧张也不能放松。

高三的确有压力，高考的确残酷。然而，这也是人生难得的一次历练。上天厚爱我们，给我们安排了一年特殊的人生之旅。走过了高三，我真的发现自己学会了很多，也成长了很多。希望学弟学妹们也能用一种平和稳定的心态去看待高三，去挑战高考，让自己的心里充满阳光。

有一句话说：人生有些事是不得不做的，于不得不做中勉强去做，是毁灭；于不得不做中做得很好，是勇敢。既然是这样，就“不要放过今天，尽可能少相信明天”。心态的两面性就在于，要么是信心的强化，要么是信心的流失，而比时间流逝更可怕的是机会的流失，比机会流失更可怕的是梦想和信心的流失。

现在回首这一年，感觉很快就过去了。但是其中的每一天我都过得很充实、很快乐，酸甜苦辣咸，其中的滋味只有经历过才会明白。苏格拉底有一句名言：快乐就是这样，它往往在你为着一个明确的目标忙得无暇顾及其他的时候而不知不觉地来到。同样，当你把目标锁定，“只问耕耘，莫论收获”的时候，上天也就把收获悄悄地给你预备好了。

家人的爱——力量的源泉

曾有家长形容高三的学生像是刺猬，不敢靠近，生怕被扎到；或者像是充满了气的气球，会不定时爆炸。家长总是小心翼翼地对待考生，说话都不敢太随意，生怕会碰到他们脆弱敏感的神经，增加孩子的压力，弄得家里的气氛很紧张。其实，我们应该明白这场考试也是对家长的全方位考验，爸爸妈妈十几年的艰辛付出对我们的成长都是起到非常关键的作用的。我坚持良好的学习习惯和健康平和的心态也正是得益于我温馨而有序的家庭。

高考是一场全家人参与的战斗。进入高三以来，爸妈的短信声不停，不断收到各种辅导班、补习班、一对一的短信骚扰；每到周末，他们都要牺牲休息时间积极参加各种高考专家的讲座，认真做笔记，回家讨论重点；每天我在学校上完晚自习后走出校门，总能看到爸爸等待的身影，一天不落地车接车送是为了帮我节省时间和体力；每次考试，爸妈其实比我更紧张，但他们尽量不给我压力，反而会提醒我注意休息、放松心情、正常发挥，之后再跟我一起分析、总结得失，客观地对我提出要求，帮我制定目标。

对我来说，这一年还有另一层特殊的意义。12 月，我失去了最爱的亲人——姥姥。这对我和家人都是一个巨大的打击。小时候爸妈的工作忙，姥姥便担负起了照顾我的重任，她不仅负责我的饮食起居，而且还是我的启蒙教师。在姥姥的教导下，我 1 岁学会了认字，3 岁就会读报纸了。我能养成良好的学习习惯并取得今天的成绩与姥姥当年对我的教育和培养是分不开的。姥姥对我的期望一直很高，希望我能考上理想的大学。在她最后的日子里，尽管每天她都在痛苦地与病魔斗争，但是她依然最关心我，每天要等到我晚自习回来才能安心睡觉。还记得姥姥病危住院的第二天是期末模拟考试，考场上我始终不能专心答题，放学后我飞奔到医院，见到姥姥虚弱地躺在病床上。她见我来了，眼眶湿润了，已没有力气多说话，只是问我考得怎么样。没想到，那竟然是姥姥对我说的最后一句话。姥姥的病是在两年前诊断出来的。我们都明白患上这种绝症，每一天的生活都是恩赐，而对于病人是愈来愈难挨的痛苦。离开对姥姥来说是一种解脱，只是我总是贪心地希望姥姥能陪着我走得更长些、更远些，能一直看着我，能看到我的每个成功，与我分享成功的喜悦。

送别了姥姥，爸爸妈妈的精力全部投入到我的学习上。我也及时调整自己，在期末考试中发挥出了正常的水平。我们认真地生活，尽量让家中感觉不到那么冷清。大年三十的晚上，爸爸做了一大桌丰盛的饭菜，我们给姥姥也放上一副碗筷，一起过春节。妈妈总是说，看到我们过得好，姥姥会高兴的。

姥姥不在了，爸爸妈妈成为我最重要的精神支柱，以前的我也曾叛逆不懂事，但经历过这场离别，我长大了许多，和家长的关系也更加紧密了。有爸妈的“保驾护航”和姥姥在天上的保佑，我顺利地走过了高三这一程。姥姥没能等到我考上大学是我最大的遗憾，但是我相信这样的录取结果便是对她最好的报答。

报考中的忐忑与坚定

填报志愿之前，爸爸妈妈的周末被各种高考志愿专家的讲座占满，如何报志愿成为一门功课，投档线、录取比例、专业级差等名词是家长们最热门的话题。同学、家长都抱着历年录取统计的“大蓝本”算计着自己的分数、校排名、区排名，为选择志愿学校而焦头烂额。大家都担心着各学校招生数量的变化，更害怕选择了热门学校而面临激烈的竞争。总之，报志愿比高考更加令人纠结不安。

近年来，北大、清华逐年减少了在北京的招生名额，东城区的学生考上北大、清华的数量也不容乐观。班上许多和我水平相当的同学都为了求稳而放弃了北大、清华，开始保守报考，这样即使发挥不太好也不会被投入下一志愿的学校，即使是差一些的专业也可以接受。爸爸加入的“北清梦家长 QQ 群”中大部分都是海淀区或西城区的学生家长，的确强手如云。而一直把奋斗目标设定为北大的我，一模的分数排名也让爸妈很是烦恼和纠结。怎么看都在边沿上的水平，真的敢报考全国水平最高的学府吗？

如果落到二志愿起码要损失六七十分。就算考上了，报考什么专业也是大问题，万一被调剂到不满意的专业怎么办？如果报中国人民大学、对外经济贸易大学等学校也许能够轻松考上更理想的专业。这许多的问题摆在我面前要我做最后的抉择。

面临严峻的形势，妈妈有些动摇。毕竟高考是一锤子买卖，如果没“砸”好，对我们整个家庭都将是不小的打击，我自己以后的发展也会走上另一条更为艰难的道路。那段时间，我们也曾认真考虑过其他大学的某些专业，但是我始终放不下最初的梦想。不知道我的坚定从何而来，或许是潜意识中相信自己能够稳定发挥，或许只是单纯地认为如果在第一志愿的位置不填上自己最心仪的学校，我会一直遗憾下去吧。我勇敢地坚定了最初的选择。

承担风险是不可逃避的，这是一种历练，也是高考的独特魅力。

尾声

硝烟散尽，大幕落下，高考过后的同学们或喜或悲。有人梦想成真，有人遗憾落榜，也有人准备走上出国留学的道路。曾经在同一间教室朝夕相处的同学们如今就要飞往祖国各地，甚至是世界各地，我们心中不免伤感，但更多的是对彼此的祝福。我相信，不论选择哪一条路，只要认真努力地走下去，我们一定都会抵达最终的梦想之地，缔造属于自己的精彩。

我会坚持不懈，走自己的路，快乐地，充满希望地。

你呢？

高中之美

姓　　名：黎政宏

录取院系：信息科学技术学院

毕业中学：广西壮族自治区南宁市第二中学

获奖情况：全国高中数学联赛（省级赛区）二等奖

全国高中学生化学奥林匹克竞赛（省级赛区）一等奖

全国高中数学联赛（省级赛区）一等奖

全国高中学生化学竞赛（省级赛区）一等奖

全国中学生物理竞赛（省级赛区）三等奖

高中生活，学习虽然是主流，不过在学习之余也可以多参加一些学校组织的集体活动。这样不仅可以锻炼自己的胆识，加深与同学们的友谊，还能使自己用更清醒的头脑去学习。

我们的老师说过："高中的生活体验就像品茶一般，第一口感到苦涩，第二口苦中带甜，第三口甜美醇香、回味无穷。"是的，确实如此。高中的生活和学习虽然十分艰苦，需要我们加倍地付出和努力，但在这努力的过程中，我们将会欣喜地看到自己的不断成长，将会更加游刃有余地处理学习与课外活动的关系，体验高中课外活动的丰富多彩，而最后还会收获自己辛勤的果实，珍惜自己奋斗的历程。

高中三年，我经历了许多，也感悟了不少，有经验，也不乏教训，希望我分享的这些感悟能对大家有所帮助。

关于初中升高中的暑假安排

中考结束后，同学们肯定要休息一番，以消除备考时的疲劳。但以我的经历来看，暑假最好不要过度沉迷于电脑，玩一下是可以的，但不要玩到过度沉迷，对其他事情漠不关心的程度。在假期里，许多同学想去学习高中的课程。个人建议最好是自学，不需要额外去找老师，原因有以下几点：①在外面学习太浪费钱了。②在外面学习，老师肯定会给你详细讲明白，但到开学的时候，学校的老师也会为我们细致地讲解。这样，讲的内容难免会重复，会使我们校内听课的积极性有所下降，容易自以为是，这会给我们整个高中学习打下一个不好的基础。③高中是为大学打基础的，所以高中不像初中那样，高中的学习需要更多的自学能力。所以在暑假还不如自学高中课本，锻炼自己的自学能力。

在中考后的暑假里，我们还可以看一下自己感兴趣的书籍。经过高中生活我才发现，原来最令同学们佩服的往往不是那些学习最好的人，而是那些博学多才、讲话滔滔不绝的同学，一个博闻强识的人是非常受同学、老师、家长欢迎的。所以不妨在暑假看点课外书，拓宽自己的知识面，让自己成为一个全方面发展的人。（小建议：如果同学们自制力不够的话，可以去当地的图书馆或学校的自习室读书，这样可以感受学习的氛围，使自己的心能更快地静下来，这样对自己的阅读是十分有帮助的。）

身体是革命的本钱，我建议暑假还是要有正常的作息规律，不要养成晚睡晚起的习惯，浪费掉早上的大好时光。

在暑假，大家最好有自己的一天计划，包括学习、锻炼，让自己的一天过得充实。总之，希望大家的暑假生活过得十分开心、充实，让自己在假期中真正地得到提升！

关于刚进入高中的心态调节

从我个人的经历来说，刚进入高中，高中生活对我来说充满了神秘感。新的学习旅程开始了，我对自己的高中生活充满着向往与憧憬，但身处一群优秀同学之中，我内心也十分紧张，对自己也感到自信不足，而对老师也有一种生疏的感觉。然而，过了

一两周后，我才发现当我逐渐对同学、老师以及周围的环境熟悉、习惯之后，其实高中生活与初中生活并没有隔了一个很高的台阶，而是像斜坡一样逐渐升高的。所以，当我们熟悉了高中生活之后，心态也会逐渐恢复平和，就可以冷静下来制定自己的目标并为之奋斗，使自己融入班级群体，融入刻苦努力的学习浪潮中。正如我的一个同学所说："无须刻意调节，顺其自然。"只要我们进入高中时把握好自己、管好自己，一如既往地学习、生活，很快你就会发现自己已经不知不觉地融入群体中了，就能体验到高中生活的充实与愉快，而不是刚入学时的慌张与迷茫了。

以时间取胜 or 以效率取胜

我进入高中时，由于暑假没有好好把握，导致入学考试成绩在中下游水平，这令我十分紧张，顿时心中充满了压力。当时我用了以时间取胜的方法，就是课间不离开座位，而是埋头苦干，只是偶尔与周围同学交流。这种方法非常辛苦，而且使我一开始就陷入死读书的学习状态中，很少接触一些课外活动。而我们班当时有一位同学，他进高中就立志物理要拿省第一名的，所以他高一上学期就自学完高中物理内容。但这并没有影响他其他科目的学习，他的总成绩仍能保持班上数一数二的水平。后来我探究咨询了一下，才发现原来他是一个以效率取胜的人，他能用比我们少的时间完成相同的作业量，这使他节省了时间，能兼顾课内学习与竞赛两个方面。后来我尝试了一下，发现高效率不仅能节约时间，使自己的学习更加主动，便于自己查缺补漏、全面提高个人能力，还能使自己真正专注地学习，更好地理解、掌握知识，真是一举多得啊！

关于高效率的一些小建议

后来当我想提高自己的学习效率时，我发现其实效率不是想提高就能马上提高的，而是要通过自己不断地刻苦努力训练出来的。高效率其实就是写题、看书时提高自己的专注度与大脑反应能力，从而提高自己完成任务的速度。一开始提高写题速度是很难的，从我个人经历来说，为了提高自己的速度，要对自己进行一个“头脑风暴”的训练。比如说写一份题，就要“拼命”用自己最快的速度，让自己的精神集中，同时注意一次性正确率。这样训练了一阵子就会发现速度逐渐会有所提升，虽然正确率会相比以前下降一些，但不用管它，一直这样继续坚持下去，终究会速度和正确率一齐提升。请相信自己的潜能，相信自己，不断努力下去，就一定会实现飞跃的！

1. 认真听课，勤记笔记

上课时认真听课可以提高自己的学习效率，而不是像有些同学认为的是浪费了写作业的时间。一方面，我们在课堂上吸收了老师所教授的知识，这样可以减少以后不懂问老师问题的时间，还能更好地把知识融会贯通，提高做题效率。另一方面，听课时可以记下笔记，以及自己的理解与感悟，这样在大考前就能更好地复习，也减少了盲目看书的时间。所以不要以为高中阶段刷题是最重要的，在上课时间就不要盲目刷题了，认真听课，做好课堂笔记，把握好基础，这样才能真正提高自己的水平，不顾基础盲目刷题才是对时间的一种浪费！

2. 及时对所学知识进行回顾与反思

许多人认为高中只要题刷多了成绩自然就会提升，我以前也这么认为。然而刷题之后我发现自己头昏眼花，大脑疲劳，导致效率非常低，而且错的题目之后还可能再错。后来我询问了一些

同学和老师，才发现原因是我缺乏对知识的梳理，使知识储备十分混乱，有时候还会混淆一些知识点。后来我尝试了一下同学推荐的方法，在睡觉前花一些时间对当天老师讲的内容进行回顾，形成一个知识体系，同时梳理一些当天的错题、难题，以此来加深自己的印象。尝试了这个方法之后，我发现这不仅能有效整理当天所学的内容，还能使自己疲劳了一天的大脑得到相对的放松，同时还能使自己的大脑不过于活跃，有利于自己的睡眠。这么多的好处，何乐而不为呢？

3. 身体是革命的本钱

在高中，特别是高三的时候，我们真是“病不起”啊！一次感冒发烧会使我们整天无精打采，上课昏昏欲睡，哪还有什么效率可言？如果再去医院看病打针，就会更加浪费时间了。回到学校就会发现有一大堆课业落下了，一大堆作业需要补，就会处于一种被动的状态。由此观之，为了多学习一会儿而放弃自己的锻炼时间是得不偿失的。锻炼是对自己负责任的一种表现。每天下晚自习后可以和同学们跑跑步，或者做下其他体育运动，这样可以使我们的身体更强壮，同时也潜在地增加了自己的学习时间（生病次数减少），而且能与同学交流一天的趣事，减轻一天的学习压力，还能让自己的大脑得到休息，以更充沛的精力迎接接下来的学习生活。所以说，加强体育锻炼也是提高效率的一个有效途径。

4. 要有正常的作息规律

经过高三的生活，我发现在繁重的学习压力下，正常作息比晚上熬夜对学习的提高效果更好。也许熬夜后表面上看起来学了很多，学得很勤奋，可从实际效果来看，其实如果正常作息，那么上课听课的效率会提高，思维也会更敏捷，这样做题速度也会变快。正常作息有助于我们很好地掌握知识，提高效率，使学习变得更加主动，从而更好地支配自己的时间，进而又能允许我们在完成学习任务后有更充分的时间休息，然后继续高效率地投入第二天的学习。这种良性循环会对我们的学习、生活有十分大的帮助。而如果天天熬夜，只会让自己进入一种疲劳且低效的状态，这对学习热情与成绩都是十分不利的。所以正常作息，对自己方方面面都是十分有益的。

5. 积极参加学校组织的各项活动

高中生活，学习虽然是主流，不过在学习之余也可以多参加一些学校组织的集体活动。这样不仅可以锻炼自己的胆识，加深与同学们的友谊，还能使自己用更清醒的头脑去学习。不过，参加活动要有个度，不要玩疯了，在大家集体准备时积极去响应，活动时积极参加，但活动后要及时收心，要把对活动的热情适时转移到学习上，这样才能做到学习和娱乐两不误。

关于竞赛

初中是否参加过竞赛对高中参加竞赛结果的影响是不大的，所以高中阶段是否参加竞赛，主要是看自己的兴趣。如果对某一科有兴趣的话，就充满干劲钻研下去，相信经过努力一定能取得可喜的成绩。

高中参加竞赛其实不仅仅是为了那 10 分、20 分的加分，经过竞赛的培训和自己的钻研，还可以强化相应学科的学习成绩，使那一科成为自己的强项。这样有助于自己学习得更加主动，使自己的成绩稳定在前列。除此之外，竞赛在保送生、自主招生的选拔考试中的作用也是十分突出的。这些考试的题目都难于高考、略低于竞赛，所以参加过竞赛的同学一般都能很好地应对这些考试，就拥有更多机会升入自己理想的大学。所以只要大家对竞赛有兴趣，就要相信自己的能力，不要担心竞赛太难自己不会，“人难我难我不畏难”，只要勇于尝试，就一定会有丰硕的收获。所以，有兴趣的同学可以参加一下竞赛。

关于数学竞赛的一些经验

1. 竞赛靠积累，平日下苦工

虽说初中是否参加过竞赛对高中没有多大影响，但当你决定开始钻研某一科竞赛后，在平时就要开始努力了。如果不是在竞赛前夕的话，每周可以抽一些固定的整块时间去学习竞赛内容（竞赛内容难度相对较大，理解需要的时间相对多一些，而且思路要求有连贯性，所以最好用整块的时间学习，比如说一上午或一下午）。在学习竞赛内容前，建议先规划好学习时间，确保在竞赛冲刺期（竞赛前一两个月）前学习完竞赛大纲的知识，而且也需要经常去回顾那些内容，以免对前面的知识遗忘。我自己有一个教训，就是不会的题目和知识点一定要立即弄清楚，否则将会越积越多，到头来就会发现遗漏了许多的知识。在学习的过程中，也要保持适当的题感，不要“光看不做”，在完成某一知识点的学习后，可以做几道相应的练习题巩固一下，这样对掌握知识是非常有帮助的。

2. 关于竞赛冲刺期的准备

在冲刺期，如果还有遗漏知识点或掌握得不太好的内容，可以先查漏补缺一番，力争全面掌握知识点；如果各个知识点已经全面掌握，就可以开始进入“刷题模式”了（竞赛与高考的不同之处）。每天可以像真正考试一样以相同的时间做题，模拟考试环境。在刷题的过程中，不仅能不断回忆、巩固以前学习的一些知识点，而且还能学习到解某一类题的一些方法和技巧（即如果有一些题目的解题方法技巧性很强且题目很常见时，可以把这些方法记下来，这样能有效提高解题速度）。更重要的是，做了一些题目后，解题速度会逐渐加快，这在竞赛中特别是在一试中是十分有用的。久而久之，刷了一定数目的题后，成绩自然会突飞猛进的（不过也要时常看看以前的题目，回顾一下相关知识）。

3. 关于竞赛前几天

竞赛前几天可以不用刷这么多题目了，一到两天刷一份保持下“手感”就行。因为还有更重要的事情要去做，那就是复习一些最近做的易错题、难题，记下它们的解题方法并背下来。这样能使自己在竞赛中更快速地解答相应类型的题目，给接下来的题目留出更充裕的时间，这对自己分数的提高是十分有帮助的。在竞赛前，不要把注意力集中在自己的目标和期望上，要脚踏实地，一步一个脚印，想着只要尽力就可以了。

4. 竞赛中

竞赛中最重要的就是心态了，特别是遇到难题时，不要慌张，因为其实等结果一出来时，就会发现大家基本都是不怎么会的。所以做题时把握好时间，尽量做好每一题就可以了，实在不会的题目就跳开，反正一道题也决定不了什么，后面努力写就行，而且这一题其他人也不一定会（要有阿Q精神）。遇到简单的题目时，千万不要松懈，而要把它当作必得题一样打起十二分精神去做，以较短的时间做完，为后面的题目腾出时间。在竞赛中千万不能绝望，要相信自己，始终相信自己的水平，这样才能发挥出自己的正常水平。

5. 竞赛后

竞赛后就不要迷恋得失了，“不以物喜，不以己悲”，全身心地投入学习中去，为高考而奋斗！因为如果得奖了，固然好，但保送生、自主招生测试都是要看平时的成绩的，而最终高考成绩才是关键，所以还要不断努力去学习。如果没有得奖也不要紧，认真去学习，在自主招生中你是有优势的，只要继续持之以恒地

学习，就一定能进入自己理想的大学！

关于目标

在高中生活中最好给自己制定一个长期目标和一个短期目标，这样能够有效地激励自己学习，引导自己向一个目标去努力。长期目标可以是自己理想的大学，这个目标最好定得高一些，否则容易使自己松懈。短期目标则是为长期目标而服务的，即为实现自己的长期目标，自己怎么一步一步去努力，一个一个台阶向上攀登，实现自己的长期目标！定了目标，才有前进的动力与方向，才能在三年中更好地提高自己。（温馨提示：成绩提升最快的方法是把自己的弱势科目补上去，所以为实现自己的目标，千万不要偏科。）

三年高中生活虽说需刻苦努力，但也充满欢笑、充满激情、充满梦想！艰苦的时候，相信“只有含泪辛勤播种，才能微笑收获”，但当你品尝到甜蜜果实的时候再回首，就会发现这一切都是十分值得的。当你欢喜时，尽情体验高中生活的种种趣事，铭记下来，那会是你一生中最宝贵的财富！

博雅柳影　未名做伴

姓　　名：张方华

录取院系：地球与空间科学学院

毕业中学：四川省沐川中学校

获奖情况：全国高中学生化学竞赛（省级赛区）二等奖

全国中学生物学竞赛（省级赛区）二等奖

四川省优秀学生干部

如果你是一条鱼，就要有向往大海的愿望；如果你是一匹马，就要有驰骋疆域的梦想；如果你是一只鹰，就要有开拓天际的想象。遇到困难时想想，被胜利冲昏了头脑时想想，我们必须明白自己是谁，要做什么。

在键盘上敲下这八个字时，我心里想的是期待已久的北京大学，这所在我国的悠悠历史中承前启后、孕育栋梁的学府天堂。高考依稀仍在昨日，曾经经历的苦乐酸甜对于十八岁的我来说是挑战，更是机遇。昨日书山题海漫步，今朝博雅未名驻足。当我装满求学的行囊时，回顾过去，把自己的心路写在这里，算作对过去的纪念，若能给学弟学妹一些帮助，那更是高兴。

学习的要素

每一个在学习上有所收获的人，都有自己学习的方式，借它们来叩开知识的密码。聚沙成塔，这个道理其实大家都明白。在我看来，无论在哪个学习阶段，都必须要有明志、专注、协调以及淡然这些要素。

1. 明志

对于我来说，明志是支持我学习到今天的原动力，是我最初的起点。如果你是一条鱼，就要有向往大海的愿望；如果你是一匹马，就要有驰骋疆域的梦想；如果你是一只鹰，就要有开拓天

际的想象。遇到困难时想想，被胜利冲昏了头脑时想想，我们必须明白自己是谁，要做什么。

历史证明：成大器者，追求一定不会平庸。我们需要认清自己，更需要相信自己。纵然现在只是茅舍炊烟、山陡水长，纵然现在独处陋室、默默无闻，我们一定可以，哪怕成功是在痛定思痛过后。只要有梦，我们都是胜利的眷顾者。

2. 专注

专注，我的理解就是认真做事，不为外物所扰的一种秉性。闻一多先生能称得上“何妨下一楼”先生，与他的专注不无关系。而我们这些新时代的学子有些张狂，有些个性，这是好事，这也并不妨碍我们尽情地享受生活，也不妨碍我们潜心于学业。人生本就是一站又一站的风景，有人行色匆匆，有人步履蹒跚。如果你喜欢快节奏，那你就需要专注于对问题细节的处理；如果是习惯慢热的同学，可就得注意你做题的时间。毕竟一切都是各取所长，专注的方式适合自己就好。简而言之，专注于自己该做的，专注于自己不足的，那成功就容易得多。

3. 协调

谈到协调，我想提醒学弟学妹们的是：要做到科目协调、劳逸协调、学科进度和生活间协调。很多成绩并不差但又不是很好的同学，成绩在一本中游，为什么上不去，就是因为自己的某些科目拉了后腿。诚然，我们要说：虽然人都不是完美的，但只要你能做到更好就要去做。木桶原理想必我们都懂，而一个优秀的学生必须有克服畏惧的勇气。再者，劳逸结合也很重要。高三的这一年，说实话是我高中最累的时候。作为应届生，起初我很不会安排学习和生活。六点起床，午夜睡觉，一天就这么忙碌。直到三四个月过去了才发现自己根本得不偿失。良好的休息习惯和持之以恒的学习是同等重要的。

4. 淡然

“冬去冰须泮，春来草自生。”

身为21世纪青少年的我们，生活条件比以前的人们要好得多。不会因为家庭困难而辍学，不会因为家难、国难而流离，只要肯努力，也不会因为家庭背景一般而平凡。但是，我们的责任更大，压力更大，烦扰更多。偶有空闲，我会拿出买来的《读者》《青年文摘》《萌芽》之类的杂志弥补自己的缺失，让自己静下来，好好想想其中的奥秘。一来呢，这样可以缓解压力，提升一下自己的文学修养。二来，也是最重要的，读一本书，可以以小见大，学得一种达观超然的态度。如果想要成为一个优秀大学的学生，首先就要有这所大学的魂，而不是纠结自己目前的处境。

学习方法

成功起于良好的习惯和坚强的意志。要成为一只出色的螃蟹，除了要有一副好身材之外，还得有一双得力的钳子。每个同学都应尽早找到适合自己的学习方法，这里，我的一些学习方法愿与大家分享。

1. 预习——以老带新

从自己知道的知识入手，在教学参考书的指导下，用旧知识带出新知识，如在学习数列时，就可以与导数和不等式证明相联系。

2. 练习——整体局部化、局部整体化

整体局部化、局部整体化，具体来说，就是做的练习涵盖面窄的时候，我们可以适当把它拿到大背景下来探究。如学习地理的天气系统，探讨了印度气候的成因，我们就要类比到所有具有这种气候的地方。学习大的板块，不如找些具体例子引证它。如

电路分析中的电路简化，我们就可以具体想到等电势简化、模型简化、经典电桥等。这样有助于提高个人的思维转换速度，建立起一个更全面的知识体系。

3. 析同辨异

个人认为这是比较好用的方法，富于有条理的思维，对于记忆性知识的掌握就简单得多了。当你养成了这种习惯，就可以进行更复杂的逻辑思考了。不得不承认，很多东西就是在类比中延续和发展起来的。

4. 学科渗透

举个玩笑的例子：《天龙八部》里的慕容复精通天下武学，可谓是“copy”得超过正统绝学，可是他为什么就不把各家绝学容纳吸收呢？要知道，知识也似“天下武功出少林”，学习那么多知识，那么多学科，你能把所有学科综合，才证明你的学习能力高人一筹。

5. 电影回忆法

我一般会在生物、地理和历史上用这种方法。你可以以空间、时间或逻辑为载体来播放这部“电影”。就好比你给自己做了个 Flash 动画，在短时间里以自己的线索回忆学过的内容。多这样锻炼了几遍，我发现自己的联系能力提高，思维跨度更大，对一个问题的思考也更加深入、全面了。

6. 问题学习法

这个我主要是在学习新东西之后，用自己的问题作为突破口，去重新认识之前积累的知识，修正个人的偏颇，也提高自己的思辨能力。

7. 间歇学习法

这主要是指合理搭配学科，适当安排休息。这就好比用餐，荤的素的（逻辑的与记忆的）要合理搭配，量要合适，时间也要合适，这样效率自然就高。

8. 主次分明

高中我们遇到的知识很多，很难做到每一个细节都面面俱到，当我们遇到信息量大的内容时，就要学会删繁就简、主次分明，把精力放在考点、重点、难点和个人的弱点上。

9. 滚动练习法

主要是在高三复习时，处理一套试卷，不要把思维陷得太深（执着于某些小问题），而要有效训练自己的思维转换能力。合理安排时间，这有助于保持一个清晰的思路和明确的目标。

不同的情况适用不同的方法，学习无捷径，也无确定套路，适合自己的那就是最好的。许多的技巧，是要在自己的体会和改进中慢慢总结出来的。只要你还想进步，你就还有一颗永不停歇的心，踏荆棘，越荒野。

个人经历

作为四川省偏远山区的学子，我个人的一些经历可能比较特殊，但我想说：困境练就的人，更能体会幸福的味道。对我来说，可能没有办法从物质上享受与其他同龄人相同的生活。家里面不可能为我请家教，不可能早送晚接、报各种补习班。可是正因为这样，我得好好感谢我的父母，我没有许多，却拥有更多。我比别人多一个快乐的童年，当家长们都在担心孩子输在起跑线上时，我可以尽情享受童年带来的快乐，可以深深地领略自然，可以发现生活中美的存在。这些为我日后学习新事物、体验生活打下了基础。再有一点，我很感谢父母培养了我坚毅的品格，遇到事情能有应对能力，这让我能在成长的路上走得更远。

如果说人生有改变自己的重大契机，那么每一个人都会遇

到，我的契机源于父母给我的充实的生活，源于在校的执着和快乐。相信经历过高考的人都有这么一种感受：看着手里的高考成绩单，发现它根本就不能衡量十多年来的心酸。每一步台阶，都有人陪我们度过，或是欢乐，或是忧伤。当高考真正到来时，我们才能平静地接纳。所以，不要因为学习忽略了生活。我们有过接近风景的权利，我们也要有接近风景的目的。我觉得，一个理科生，要有文学的气质，所以他应该学会生活；一个文科生，要有理性的判断，所以他要生活；一个渴望自由的学生，要有追求幸福的勇气，所以他也要生活。

我在中学时遇到了很多的困难。其中，最痛苦的莫过于高三一轮复习刚刚过的那会儿。所有的内容都复习了一次，突然发现自己对知识根本没有那么熟悉。做题的时候感觉时间总是不够用，没有之前做题时的淡定和从容。开始时我是大乱了阵脚，哪里都看，哪里都担心，结果自然成绩一落再落。后来我进行了总结，才发现问题不是我不知道，而是知道了没有好好地运用，思路太混乱。于是我从熟悉的题型开始，慢慢地领悟到一些答题技巧。到后来，我看到其他人也有这种症状，才知道这个问题不只自己有。所以，当我们遇到困难的时候，最好先不要慌乱，而是给自己做一个全面的“体检”，找到问题和解决问题的方案。

此外，在高中学习中，我感受最深的还有老师的帮助。好的老师，不会一开始就告诉你问题的答案，而是用他的语言引导你顺着正确的思路去思考。常言说：授之以鱼不如授之以渔，我建议大家不论是在学习中，还是生活中，都要和老师建立良好的关系，从老师那里汲取营养。除此之外，养成良好的交流习惯也可以帮我们克服不少困难。当一群人集思广益，针对同一个问题进行探讨时，我们就已经吸纳了别人的智慧。承认别人的才华，虚心地向别人学习，这样才能完善自己，增进友谊。当然，你也可以尝试转移注意力的方法，把一些问题缓一缓再说，这样可能也会有不小的收获。比如，看看小说、打打球、跑跑步，这些都是很不错的方式（人家阿基米德不是洗澡也有发现吗）。

回望过去的十几年，多多少少会有一些遗憾，但是遗憾归遗憾，有些东西注定不能再重来。时光荏苒，容颜不再，曾经稚气的我就要踏入燕园。高中过后，好友分别，各自寻找着未来。趁在校时，好好努力，这比将来懊悔要好得多。成绩出来的那天，我们哭得稀里糊涂，这其中有幸福，也有悲伤。如今各自天涯，看未来，看往昔，我想对学弟学妹们说：

韶华奋斗，书山挥道，任它变幻风云江北比江南；

壮志扬裘，学海羁旅，定是风发意气明日胜今朝。

问今世人生沉浮一波又一波，叹明朝燕然勒功豪情几英雄。在中学学习的同学，请不要让人生留下遗憾。而于我，燕园只是一个起点，我们的征途都依然漫长。Life can be more beautiful if we smile and try.

书山有路

姓　　名：刘益强

录取院系：哲学系

毕业中学：湖南省张家界市民族中学

获奖情况：湖南省十佳学生

俗话说：百闻不如一见，百看不如一练。在平时，要在做题中寻规律、找方法、清思路、提能力。在高考的“厮杀”中，如果没有成百上千道题的训练，那么想要取得好成绩基本上是不可能的。做练习也就相当于课后的复习。多做多练，打好基础，才能更好地把学习弄精。我在高中的时候，不知做了多少题，所以，我敢说，题做百遍，其义自现。

孔子说：“知之者不如好之者，好之者不如乐之者。”说到学习方法，其实并不神秘，但是要想取得好的学习成绩，良好的学习方法也是非常必要的。首先，必须要有良好的学习习惯。习惯是经过重复练习而巩固下来的稳重持久的条件反射和自然需要。养成良好的学习习惯，就会使自己在学习时感到有序而轻松。从小学到高中，我一直都有比较良好的学习方法。具体一点，就是要眼、耳、脑、口、手并用，勤练习、多质疑、勤思考、重归纳、多应用，要注意总结规律性的东西，在学习过程中要把老师所传授的知识翻译成为自己的特殊语言，并永久记忆在自己的脑海中。当然，这看起来似乎太遥远了，感觉太难做到了。其实，我也做不到其中的所有，但是只要做到了其中的几点，也差不多了。这里我想重点说一下归纳，这是一个非常有用的方法，尤其是在高中，归纳的作用就显现出来了。在忙碌的甚至是焦头烂额、毫无头绪的高三，归纳往往是找到方向、重回自信的良好方法，归纳常常能让我们整理出思路。因为我是学文科的，在政治、地理的学习中，归纳实在是帮了我的大忙。高三时，自习课上我有时就喜欢翻看书本前面的目录，感觉这样能把一本书看得很薄，也能看得更精。所以，对我来说，归纳是一个非常有用的方法。

更具体一点的学习方法，我认为还有以下几点。

课前预习　这是提高听课效果的一个重要途径。只要每节课前把本次课将要讲授的内容进行预习，初步熟悉课程内容，找到听课和理解的重点、难点，记下自己的困惑之处和薄弱环节，带着问题进课堂，就能抢占先机，也就能更好地跟着老师的步伐，透彻地理解本课的内容。当然，既然是预习，也就不用太深刻，只要稍微看一下就行了。

做好笔记　俗话说，好记性不如烂笔头。再灵敏的脑袋也无法抗拒时间的消磨。做笔记是一种很好的辅助学习法，它可以帮助我们克服大脑记忆的限制，提示我们回忆课堂教学内容。但是做笔记不能成为对老师讲课内容的机械复制，因为它同时是一个思考的过程。做笔记一定要取舍得当、详略适中，主要是老师提示的重点和自己不会的难点。在高中时，我十分喜欢做笔记，每次整本书都是写满了笔记。其实真正要做笔记，也只是在高一、高二的时候，所以在高中前两年，千万不要偷懒，做好了笔记，到了高三的时候也能更好地回顾，也会更有思路。

多做练习　俗话说：百闻不如一见，百看不如一练。在平时，要在做题中寻规律、找方法、清思路、提能力。在高考的“厮杀”中，如果没有成百上千道题的训练，那么想要取得好成绩基本上是不可能的。做练习也就相当于课后的复习。多做多练，打好基础，才能更好地把学习弄精。我在高中的时候，不知做了多少题，所以，我敢说，题做百遍，其义自现。

进入高中后，由于学习的竞争越来越激烈，周围的人可能会以一种不同以往的眼光来看待我们，就像保护特殊动物一样，人为地为我们画出了许多条条框框，这在无形中增加了我们的压力。但是我想说，不要总是强调学习的压力。平时是怎么学习的就还是保持原来的状态，不要刻意给自己加压。很多人为延长学习时间挑灯夜战，我也曾经试过，但是效果不是很好，对第二天的学习也有影响。所以心态十分重要，平时要心态平和，考试的时候，也要不断跟自己说“我很棒”，因为到了最后的阶段，最关键的是以一颗平常心对待考试。在考试中只要考出自己的真实水平，不必奢求什么超水平发挥，因为往往越是对自己要求高，越是不容易发挥出自己的真实水平，所以一定要心态平和。

对我而言，我的英语成绩不是太好，但我常常对自己说：“我的英语成绩差，所以我要努力追赶，我要证明我是可以战胜困难的。”这样，无论在什么情况下，都从好的方面对事情给予解释，变消极为积极，变抱怨为努力，变自责为行动，我们就能始终以积极的心态投入学习。

当然，除了学习以外，我们还要进行适度的体育锻炼。每天下午去学校操场跑两圈，跑完后顿觉精神百倍。而且坚持跑步，既可以提高身体素质，也能培养我们坚强的意志，增强我们克服困难的决心。

对于学科的学习方法，我总结的具体内容如下。

1. 语文

学，实际上就是提高语文素质和语文能力的一个过程，就是要提高阅读量、拓宽阅读范围，而且要一边读一边写，经常写读后感。

读，是提高阅读理解能力的一个有效途径，也是一个积累语文基础知识和作文素材的过程。在这里，我提一个建议：充分地利用课文。读课文有读课文的好处。课文是无声的老师。我们在读课文的过程中，对“写了什么”“怎么写的”的思考正确与否

呢？如果无人请教，我们将无法确定。可是如果我们去读课文，就不会存在这些问题。每篇课文都有阅读指导，课文之后还附有一些注释，它们可以给我们答疑解惑，帮助我们积累知识。

写，在作文方面，虽然说文无定法，但是写作文还是讲究一点“法”的。应试作文与平时写的文章是有区别的。平时写的文章，我们是去“品味”，而应试作文往往是用来浏览的。浏览与品味就有了质的区别。所以写应试作文非注意一点应试技巧不可。比如，在文章的开头，开门见山、开宗明义，一开篇就先让读者明白你在写什么，这点很重要。否则，看了半天了，读者还不知道你要说什么。文章主体部分一定要围绕中心去写，一定要言之有物，这些最起码的要求必须做到。到了结尾部分，对所要表达的主旨要再强调一次，加深一下读者的印象。这样，一篇文章也就大功告成了。

2. 数学

在数学学习方面，我认为学会归纳和总结是非常重要的。数学要记的东西很多，尤其是数学公式，而且知识还很散，通常解一道题需要各种公式的配合，如果单纯地记忆每个公式，不但增加了记忆量，而且还容易忘，此时我们必须学会归纳和总结，把经常搭配使用的公式总结在一起来记忆，这样不仅能大大地减少我们的记忆量，同时还能提高我们的做题效率。

此外，在数学学习中建立纠错本也是非常重要的。我们在学习数学的时候可能会经常因为同样一类题目而失分，自己也会十分懊恼。其实有办法可以解决这个问题，就是建立纠错本，把我们经常出错的题目都集中在一起，然后在空闲的时候看看，考试之前再看看，这样考试的时候同类题目再出错的概率就会降低很多。

3. 英语

想要学好英语，首先我们必须掌握足够的词汇量，只有知道

了才能理解，只有理解才能应用。在积累词汇的同时也需要注意它的用法，即使是同一个单词，也常常有几种不同的含义，这些都是我们需要掌握的。

关于英语语法的学习，我建议也要准备一个纠错本，用来记录自己平时做错的题目，包括课后作业的错题、课外习题的错题、考试的错题等，只要是在这个题目上出过错，就有必要把它记录下来，因为你很可能在这种类型的习题上再次犯错。

4. 政治

政治要熟悉课本，不用背，要有印象，知道原理是什么、相关知识点在什么位置就好。至于大题怎么做，我觉得应该在熟悉课本的基础上按以下的步骤来操作。

(1) 自己先做一部分题，不要怕和答案相差大。通过错题，好好领会一下自己欠缺在什么地方，思考为什么答案那么写，自己却没有想到。

(2) 通过错题再次熟悉课本，归纳课本中的知识，尤其是自己不熟悉的地方。

(3) 再来做题，这次做题应该会有很大的进步，但是还难免有不尽如人意的地方，这个时候要把答案抄下来，背过、积累的多了，就“下笔如有神”了。

5. 地理

地理的学习我主要总结了以下几点。

(1) 总结知识，每堂课上的内容比较多，这个时候就按章节把每堂课的大致内容总结下来，可以就写三句话，只要这三句话能使你把这一堂课的知识回忆起来就可以。

(2) 整理思路，每道大题都有自己的思路。比如说水文的特征，应该从什么地方回答才能得到全部的分数呢？这个时候就应该有一定的思路。还是举水文特征的例子，应该思考到水位、流

量、流速、水深、结冰期、凌汛、含沙量……只有像这样有一定的思路，按照思路答题才能不重不漏。

(3) 平时练习的时候要注意这样一个问题：每道选择题都有四个答案，只有一个答案是正确的。我建议在选出正确答案之后不要急着看下一道题，而是把其他三个选项错误的原因写在旁边，不用太多字，自己能看明白就行。

(4) 在学习中国地理和世界地理的时候，我们可以按照分区来学习，把每个分区的地理位置（经纬度位置、海陆位置、交通位置、包含范围等）、自然地理（地形、气候、土壤、水文、植被、动物、资源等）、社会经济（人口、农业、工业、城市等）总结起来，这样既清晰，又容易记忆。

6. 历史

在历史的学习过程中，抓好时间线索是非常重要的。关于中国古代史，配套历史地图册做得很好，可以把上面的相关部分剪下来粘成一条“超长时间图”，并在上面补上首都等其他相关信息。至于中国近现代史和世界近现代史，可分别在一块硬纸板上画出时间轴，然后把主要历史事件标在上面，并以不同颜色的笔来区分不同性质的事件。这样既便于记忆，也便于复习。在读每一节的内容时，要想想在一个历史事件之前、之后都发生了些什么事，它们之间有没有什么内在的联系，能够说明什么历史道理，也可进行历史事件间的横向、纵向的比较。例如，某两场政变或两种政策之间有什么异同点？为什么会有这样的异同？这说明了什么？分析异同点也很简单，无非就是从背景、性质、影响等几个固定的方面去想。经常这样思考，对不同的历史现象，就可以较准确地分析出它们的实质，无论碰到什么题都能迎刃而解。这是读书时要注意的问题。书本绝不仅仅是读过即可的，光记住一些时间、地点、事件是没有用的，最重要的是要学会用历史思维去思考、去研究、去探索事件背后的东西。

7. 文综

关于文综的复习，拿历史来举例子：古代史、近代史、现代史加起来一共有好多节课，把每一节课都总结成一棵树的样子，主干就是大标题，枝干就是小标题，叶子就是内用的关键词，这样每一节课就是一棵树了。到最后的时候，把这些书当成枝叶再串成一棵大树，一本书的框架就出来了，这样就会觉得学习是一件很简单的事情。而且，我们还必须要做到以下几点。

（1）大胆质疑，提高自己的能力。“学起于思，思源于疑”。质疑是思维的导火线，是探索与创新的源头。在平时的学习过程中，要加强质疑能力的培养，即培养自己发现问题、提出问题的能力，这样才能学有所成，才能学得更好。

（2）整体把握，理清课本内容层次。学习是枯燥无味的，但是我们仍有方法。学习把握整体，把繁杂、冗长的知识一层一层地进行梳理，犹如剥洋葱一样，将所学的知识梳理出层次，然后从整体上把握这些知识层次。将其组成一个有意义的整体，这就是所谓的“先放后收”。我认为这样学习更有效率。

（3）简要概括，把课本由厚变薄。这要求我们建立在整体把握课本知识的基础上，领会其精神实质。可先对一节或一段内容进行归纳，用一两句话、一两个词进行概括。随着学习归纳能力的提高，逐步发展为对一课、一章的概括。

（4）抓住线索，清晰知识的发展脉络。如果知识是珍珠，那么线索就是将珍珠串起来的那根线。我们要去发现所学知识的线索，抓住了线索，就抓住了所学知识的脉络。在自学中要注意“三大问题”，即先讲是什么，后讲为什么或重要性，最后讲怎么样。

（5）标出关键词，突出知识核心节点。线索是学习内容的

“网”，关键词则是这张网中的节点。在知识学习中，要求我们在加深理解的基础上抓住关键词，将知识高度压缩在认知结构中，在应用时依据线索，快速检索出关键词，由此引出自己所学的知识。

而且，一定不要认为课本不重要。很多人在最后的时候不再看课本，认为没有作用，这是非常错误的。万事皆有本原，知根方能究底。要不急不躁，好好看课本，体会课本，吃透课本，做到在做题的时候有依据，做每一道题都知道答案出自课本的什么位置，这一点十分重要。最后再提醒大家一下，在一段时间内效果可能不是很明显，千万不要着急，按照这个方法继续学习，肯定会有提高的。还有，如果总觉得自己的学习时间混乱的话，就买一个本子当作日志本，记录每天的学习时间、学习内容、学习效果、学习效率，坚持下去，你会发现自己确实是在进步。什么事情都需要坚持，相信自己就可以了。

静以致远，恒以取胜

姓　　名：陶　然

录取院系：法学院

毕业中学：贵州省贵阳市第三实验中学

获奖情况：全国中学生生物学联赛（省级赛区）一等奖

贵州省优秀学生

先说静吧。做数学题，心静是一条捷径。只要真正将心中的杂念清空，全力以赴去解题，数学其实并不难。静还意味着不急躁，数学学习是一个长期的过程，不是说今天做几个题，明天就会看到效果。所以在看不到进步的时刻，就更需要用一颗平静的心去面对暂时的瓶颈。只有心静，你才不会患得患失，才有再走下去的动力。

高三一年，或者说整个高中，我得到的最多感触就是本篇文章的标题。要想取得好成绩，我想这样的过程必不可少。先静下来，再持之以恒，这才是高三应有的状态。可以说我的高三没有拼过命，但也没有一天没学习，而是以一种很“均匀的速度”度过了每一天。下面我将这样的经验和你们分享，希望能对你们有所帮助。

1. 语文

语文关键靠的是积累，我所说的“恒”在语文上表现得尤为明显。就拿文言文来说吧，我从没有真的去练过文言文，或者说真的背诵实词、虚词，但我的文言文的成绩一直不错，我想就得益于我一直以来的积累。我经常会看一些史书中的文章，或者听一些类似于《百家讲坛》之类的节目，以此为契机理解文言文，不会很累，效果却不错。但关键是要坚持。

可能每个人都觉得语文是花时间最少的学科，因为语文考试不是复习了就会考高分，即使不复习也不会差到哪儿去。但我个

人觉得，对于语文，每天还是要保证一定的学习量，这是在语文学习上的“恒”。或许你会觉得有一天不学语文不会怎么样，但惰如磨刀之石，不见其损而日有所消。只有每天都接触一点，才不会有陌生感。

语文是一个应试技巧和积累都会考查到的科目，有了一定的技巧可以得到70分左右，剩下往上的空间则来自积累，而往往这一部分才是真正拉开差距的地方，就需要你用一颗恒心去做了。

当然，学习语文不仅仅是为了考试，更是提升一个人文化素养的重要过程。从字词中获取快乐，从篇章中得到启迪，把语文学习融进生活，持之以恒，受益的不仅是考试分数。

2. 数学

文科靠数学拉开差距，这一点我有着极为深刻的体会。从曾经的六七十分到高考数学130分，我同样是靠一个“静”字和一个“恒”字。

先说静吧。做数学题，心静是一条捷径。只要真正将心中的杂念清空，全力以赴去解题，数学其实并不难。静还意味着不急躁，数学学习是一个长期的过程，不是说今天做几个题，明天就会看到效果。所以在看不到进步的时刻，就更需要用一颗平静的心去面对暂时的瓶颈。只有心静，你才不会患得患失，才有再走下去的动力。

再来说恒。在数学课上老师总说，你们每天都要坚持做数学题。我觉得多练习、每天练习是学习数学的不二法门。而在这样的过程中，最需要练习的是数学的基础题。

一张数学试卷，最重要的是占大部分比例的基础题，一旦你在选择题和填空题部分错得太多，想考好数学基本上就是天方夜谭了。如果你的基础知识不是很牢固，那高三第一轮复习中基础知识就是你绝对的重点。只有基础扎实了，才有提升的条件。没有基础，你就没有运算速度，就没有准确率，就会忽略最细微的隐含条件，而这些都会导致你解题失败。对于基础题的训练，我的方法是做好平时老师布置的练习题并且重复做自己做错的题。

数学试卷是极有规律的，立体几何、圆锥曲线和导数往往是最难的部分。攻克难题，我的方法依然是“静”和“恒”。就是不断地做题和总结。面对难题，首先不能慌、不能怕。平静、冷静的头脑能帮你更好地分析题目。例如，圆锥曲线第二问往往是很令人头疼的，这就是需要“恒”的地方，要多做，见很多的题型。多做不意味着搞题海战术，重复会做的题可以提高熟练度，但过多重复就是浪费时间。平时训练时要学会归纳题型，我觉得同一类型题的套路都类似，一通百通。这有助于你在考场上快速找到方法，更重要的是，这还能帮助你增强拿下这道题的信心。

3. 英语

英语一直是我的强项，对我而言比较轻松，但同样是靠着“静”和“恒”才一步步做到更好的。

在英语上，我向来很强，也就很容易浮躁，所以有段时间我的英语学习遇到了瓶颈，成绩怎么也上不去。这个时候，老师告诉我静下来，我觉得“静”这一点在优势科目上的作用也非常明显。因为你在优势学科上本来知识结构比较完整，所以更容易出现小的漏洞，而它们就是阻止你取得更优异成绩的绊脚石。

就拿完形填空来说吧，这是高考英语的一个难点，高一时我做高考英语的完形填空，基本会错六七个，练了大概 15 篇左右就稳定在错三四个了。但是后来，大概是做了四五十篇，一个月的时间都没有看到进步，我就有些心急了。这个时候我就告诉自己：这是正常的，然后更加平静地去练习，最后我的完形填空基本就是错两个以内，而从四个到两个，我做了整整 120 篇文章。这就是“静”和“恒”的力量。

4. 文综

文综是文科高考中占分最多的科目。我的高考成绩中最突出的一科是文综，可以说文综是我高考制胜的关键。

我觉得地理的趣味性更强，所以我更喜欢地理。学习地理，我认为首先要有扎实的基本功。定位如何、气候类型及其成因、各自然带分布及特点……没有基础知识，就无法解决难题。但光有基础也是不够的，地理往往需要在一个立体的环境中进行分析，需要将一个地区的自然、人文都结合起来，才能应对不同的提问方式。然后，要有很宽的知识面。我对地理有着很浓的兴趣，所以我的“恒”在地理科目的学习上就是多看一些和地理有关的电视节目，做好积累。我比较推荐Discovery，拍得很棒，知识性很强，观赏性也很好。另外，在日常的生活中也要用善于发现的眼睛，去观察生活中的地理现象，解释不了的多和老师讨论。地理分为自然地理、人文地理和区域地理，虽说三者是分开的，但也会有交融。自然地理比较有趣；人文地理却相对枯燥，但人文地理答题的模式化程度比较高，也较好拿分；区域地理则要定位准确，熟悉区位特征。我的做题感受是：地理最难的是全面分析。如果每道题都有答不全的部分，最后的失分是相当恐怖的。于是我的笔记本后面就是自己总结的答题套路，归纳自己常遇到的类型题的答法，比如工农业地理区位分析、人口特征等，而且有时候还要不断补充。最后再把所归纳的东西记住背熟，考试时就会有东西可答，并且能做到全面。

说到政治，这是我最差的一科。经济、政治、文化和哲学四个部分，光是书本基础知识的笔记我就有好几本，背起来很头疼。每天早上，我都会选择背政治。有时候会觉得政治要背的东西太多，特别是考试前，甚至没有勇气背下去。但越是如此，越要持之以恒。实际上，当时间长了，许多东西就会渐渐熟悉，再

也不似先前那样恐怖。在这里，我推荐边背边默写的办法，这样可以使你更为专注。另外，政治考试通常都会以时政为背景，多了解一些时政消息将会有助于了解出题方向、准确答题。我建议多看杂志和新闻，有兴趣的话甚至可以研究一下当年的全国两会政府工作报告，里面有最热的时政话题和最精练的时政语言，是很有帮助的。

在历史学习中，一个时间、一个人物都有可能成为题眼所在，但很多同学往往由于基础知识掌握得不牢固而遗憾做错，所以长期而牢固地把握好基础知识是极为重要的。现在的历史题目，大多都是新情境、新材料，很多甚至没有见过。因此学会一些分析历史题目的方法十分重要。我常用的方法是在整体中分析事件，而不是把它从大的历史背景中剥离出来。做历史题的时候，用笔画上关键词，浓缩题目和材料，找准有效信息，才能够答题准确无误。

以上是我各科学习的经验。最重要的就是“静”和“恒”两个字。无论是哪一科，正如开篇提到的，要用平静的心去对待，不急不躁。也要有打硬仗、持久仗的准备，守着一颗恒心去学习。做到这些，便已是足够了。

同样，在紧张的学习生活中，“静”和“恒”这两个字同样重要，而我更愿意把它叫作常态。每一天都过得平平静静，每一天又都不断在学习，这样的每一天，即使看不到，你也在一点点进步，正所谓“勤学如春起之苗，不见其增而日有所长”。无论是刚刚进入新的学期，还是在考前的最后一天，这样的常态，都是最棒的。

希望这样的经验对正在经历这一切的学弟学妹们能有所帮助。愿你们有一个美好的未来！

仰望星空，脚踏实地

——高考经验谈

姓　　名：黄　慧

录取院系：中国语言文学系

为解决考试焦虑的问题：第一，要做到相信自己；第二，要制定合理的目标；第三，考场上要专心于试题，不要再分心思考其他问题；第四，要铭记“用平常心，得正常分”，不要去幻想超常发挥；第五，自嘲“如果这次真的考砸了，下次进步空间会更大”。这些方法帮助了我，希望它们也能够帮助学弟学妹们。

十二年寒窗岁月，我有痛苦、有挣扎，淌过汗、流过泪，最终也学会了坦然面对。我想，这就是成长。在此，写下这些心得，既是致敬我逝去的青春，也为了激励学弟学妹，借此共勉。

仰望星空，脚踏实地

“I have a dream!”马丁·路德·金的话一直回想在耳边。每当我想松懈时，我能听见我的心在提醒：“我距离梦想还很遥远，我要努力!”仰望星空的头颅应该谦逊地垂下，追逐梦想的脚步不能飘在云端。每巩固一个知识点、每攻克一道难题，我离梦想就更近一步。走着走着，我就进了北大。学弟学妹们，相信你们内心也有一个呐喊声，它一直呼唤你踏踏实实向前走，走着走着，你也会不知不觉就来到了理想的殿堂。

在此，我想先谈一谈理想大学的目标设定。高三时，我根据

老师的建议，把大学目标分为三个层次：第一层次需要更加努力才能够到达，我设定为北京大学；第二层次为正常水平，我设定为中山大学；第三层次是即使不幸失手，也能够达到的目标，我设定为华南师范大学。三个层次，作用有所不同。还是以我为例吧。高三首次月考，我的成绩上升到年级第一名，但我知道，我不能骄傲，我距离第一目标还有差距！高三“一模”低谷期时，我常常安慰自己：“不要着急，去华南师范大学也不错嘛！”以第二目标作为标准，制定出第一目标来激励自己，制定出第三目标来安慰自己。高三，需要不断调整心理状态。

自信专注，坚持不懈

相信自己，催发出无限勇气，促使自己跨越障碍；相信自己，散发出无穷魅力，感染他人，激励他人前进。每天洗漱完毕，对着镜子中的自己说句：“I’m the best!”每天休息前，反思当天的过错，坚信自己知错能改就是进步。对着下滑的考试成绩，坚信自己能够走出低谷，回归最好状态。

专注便是心无旁骛，万念归一。我认为，学生所应当承担的责任便是管好学习。课堂专注，紧跟老师的思路走。哪怕踮着脚尖站着听讲，也不能放任自己的思绪飘离课堂。其实，对付考试焦虑，专注也是妙药。考试时我会告诉自己——考的是知识，不是排名。专心于眼前这道题，切勿再想其他无关之事（如考试的重要性等）。此外，有个谜与关注度的关系密切。为什么有些同学整天埋头于书堆中，但是他们的成绩并不理想？我认为，谜底就是专注度不够——被各种烦恼牵绊，给学习套上“枷锁”。这些“枷锁”导致学习太功利，心理负担过重。早期，我也曾背上沉重的心理负担，成绩虽好但是并不快乐，后来我渐渐领悟了，学习应该纯粹些，我们应该专注于学习本身，享受学习的乐趣！

劳逸结合，事半功倍

只会埋头苦干，不懂劳逸结合，学习效果就会事倍功半。还记得“磨刀不误砍柴工”这个成语吗？适当休息是非常重要的。每天下午放学后我会在操场跑两三圈，或者在校园散步一小时，以此让自己放松一下。这时，若和同学在一起，我们会聊聊有趣的事情；若是一个人，我喜欢抬头仰望天空或瞭望远方，遐想未来！休息是补充能量的一种有效的方式。除了户外放松以外，我还常常通过抽空阅读课外书来缓解疲劳，尤其是名人传记和优美的散文。

主动营造和谐的氛围

我达不到陶潜老先生“结庐在人境，而无车马喧”的境界，我需要在和谐的氛围中学习。人们互帮互助，减少一分提防，增加一分信任；减轻一点悲伤，增加一点温暖。如果总是生活在压抑的环境中，哪里有心思学习呢？为创造和谐氛围，我们可以改善学习环境，如为单调的教室添置几抹绿意，把杂乱的课桌收拾整齐、让人感到舒服；可以改善自身，如得意时谦逊些，安慰一下他人；失意时依旧坦然，不把负面情绪传染给他人；平常待人彬彬有礼，热心帮助同学。

学习方法

所有学科的学习方法都存在共性，总结起来就是——巩固基础，延伸拓展。

1. 语文

关于语文学习，我会耐心地打好基础，深度拓展阅读。字音字形、名篇默写等，需要耐心记忆积累，莫急躁心烦。我推荐《直击中考》《直击高考》（广东）两套口袋书，常读常练，效果可能不错。在古文阅读方面，上课认真听讲，课下归纳总结，基础方能扎实。我会把归纳笔记分为六个部分：（1）易错的读音和字形；（2）古今异义；（3）词类活用；（4）难懂的字词释义；（5）翻译；（6）古代文化常识。学有余力的同学，可以尝试品读《古文观止》。古诗鉴赏方面，要学会品读意境、领悟情感，可以联想贴合古代实际情境的电视剧画面以增强画面感。另外，还可以常常翻阅《唐诗宋词鉴赏辞典》，背诵大量名篇名句，鉴赏其独到之处。若是有扎实的语文功底，尝试自己创作诗文也是一个不错的方法。论述文阅读方面，须抓脉络、理清行文思路。此外，审读题目，要抓关键词，并在原文中找出与关键词相关的词句段，一般而言，这些就是答案要点了。我推荐《美的历程》这本书，它既可以帮助我们建立论述文思维，又可以使我们增长见识，提高对美的感知能力。要想写出有深度的作文，就必须学会思考、借鉴和运用。欲增强思考能力，可常常阅读报纸杂志的评论版；还应培养对时事热点的敏锐度，并能针对时事热点提出自己的看法。多跟同学讨论，看看他人与自己想法的同异，吸收有益思想。借鉴他人的优秀作文也是一个不错的方法。看到好的作文，我会朗读三到五遍，然后分析它的结构，摘抄独特的素材，品读它的观点，吸纳其思想，并且争取将来将借鉴到的内容运用到自己的作文中。

2. 数学

关于数学学习，我的基本思路是“拿到100%的基础分、90%的中等题分和50%的难度题分”。高一高二时，应该关注课本。很多同学以为只要做了老师布置的习题就可以了，却往往会忽视课本上的原理、例题和习题。检验自己是否掌握了课本上的内容的一个方法是——合上课本，回忆每本书所讲的内容。把自己能够想到的知识列出来，然后对照课本看自己是否有遗漏。此外，最好准备好归纳本和错题本。归纳同一类型题时，学会一题多解，其中基本解法必须熟练掌握；学会改编设问，并在归纳本上简单提示自己答题方向。错题本则最好分为三个部分，第一部分抄下错题题目，第二部分粘贴剪下来的错的答题步骤，第三部分分析错因以及简要写出正确解法。错因分析最好用亮色笔标示。归纳本、错题本都应常常翻阅并进行补充。不仅要补充自己所做的新题，而且还包括同学的题库。针对考前复习，我会在考前一天默写一遍基本原理，归纳一次数学思想方法。考试时，鉴于我有粗心的毛病，我会在试卷上方写上“细心”二字来提醒自己。

3. 英语

关于英语学习，我相信“Practice Makes Perfect”的箴言。很多同学也明白英语需要多练习这个道理，所以一开学就买好几本练习册，但是到期末多数还是空的。为避免如此悲剧，我会精心挑选一本适合自己的练习册。我通常会在考前一个星期开始做这本练习册，每天定量，做完后立刻订正，对完答案后有疑惑时我会寻求老师的援助。我还喜欢在睡前听《书虫》的一个篇章，既可以训练听力，又能提高文学修养。学有余力的同学，还可以适当补充些欧美文化知识，如观看欧美电影、学习《新概念英语》第三册等。

4. 政治

在政治学习上，虽基础但相当重要的方法就是要学会翻课本。按着目录来翻，然后依次是课题、目题、标题，注意专业术语。这样翻课本，相当于自己列了一遍全书的提纲，可以使自己思路清晰。另外还需要归纳出完整清晰、有条理的知识点，并养成坚持每天背默两个知识点的习惯。此外，挑选大量好题，坚持定量定时完成选择题和客观题。

5. 历史

历史必须活学。我会注重理清事情脉络，树立起全球视野，理解多样史观。当代人学习历史，既应该站在当时人们的角度，用他们的思维来看待问题，又应该跳出历史，站在当代人们的视角去评判历史事件。同时，我们还应该不局限于课本知识，可常常观看历史纪录片和阅读历史相关方面的书籍。这些拓展，常常能为自己提供多样角度，培养探究历史的兴趣。

6. 地理

对地理学习而言，基础就是记笔记和常用地图。我们地理老师平时布置的作业量平均在15分钟，但是我们会常翻笔记本，遇到经典题、好题都会把它们补充到笔记上，进行归纳。归纳类型题时，应明确一点："因题而异，共性与个性相结合"。照搬模板只会让背默的功夫付诸东流。在地理考试中，拉开差距的就是这一点点"个性"。我常常描画常用地图，如世界地形图、世界气候图、中国地形图、中国行政区图等，这样使自己能够做到大致定位，然后得知该地区的自然人文地理情况。拓展方面，我推荐天利38套文综套题。有时间就可以完成套题，没有时间可以大致思考一下答题方向，然后比照答案看自己的答题准确度。地理学习，也应当发挥"共工"的作用，即同学间相互交流学习方法，讨论难题和错题。若有一本好的笔记，可相互传看。地理讲究系统性，高三第二轮复习时，做知识结构图会是一个不错的方法。一个篇章的知识结构图，每个人所做的风格都不相同，同学间可以相互借鉴，不断完善。学习地理时，为增强趣味性和同学们的运用能力，同学们还可聚在一起谈谈最近各地的天气变化、旅游地独特的自然与人文景观等。

虽然方法掌握了，基础打牢固了，但是考试成绩未必突出，其中考试焦虑就是一个问题。焦躁的状态，尤其容易发生在重视成绩的学生身上。我在高考“一模”低谷期时，存在极其急躁的心理。很想突破现有成绩，很想在最后关头创造奇迹，但是又感到力不从心，怀疑自己的能力。为解决考试焦虑的问题：第一，要做到相信自己；第二，要制定合理的目标；第三，考场上要专心于试题，不要再分心思考其他问题；第四，要铭记“用平常心，得正常分”，不要去幻想超常发挥；第五，自嘲“如果这次真的考砸了，下次进步空间会更大”。这些方法帮助了我，希望它们也能够帮助学弟学妹们。

另外，有的同学会担心兴趣爱好与学习相冲突。我认为，兴趣与学习可以相互促进。我的兴趣是阅读、长跑和看电视。我喜欢阅读文学类和社会类的书籍。这些书籍能够引起我的共鸣或者培养我辩证思考的能力，启发我关注社会、思考人生的意义等。高三学习虽紧张，但我依旧坚持阅读，通过阅读来放松。长跑能考验人的忍耐力，坚持长跑的人更能吃苦，能更加勇敢地面对学习、生活中的困难。我喜欢看的电视节目一般为新闻类节目、法律类节目、纪录片。这些节目大多贴近现实，同时与我对法律、历史、政治感兴趣相吻合，可激励我追逐梦想。为了能够在周末回家时尽量多看电视、多阅读，我在学校会尽量多完成作业。这不正是把兴趣和学习相结合了吗？

最后，衷心祝愿各位学弟学妹学习得法，如鱼得水！

一个人的选择，一个人的战争

姓　　名：郭碧莹
录取院系：经济学院
毕业中学：黑龙江省哈尔滨市第三中学

当大脑和内心产生激烈的矛盾与冲突，当一路向前的豪情壮志遭遇埋首学海带来的身心俱疲，当神圣的北大梦在现实的磕碰下显得不堪一击，我反复告诉自己要内心强大，这是生活对自己的考验，痛苦总是暂时的，总会有守得云开见月明的那一天。

刚刚接到录取通知书时，“一塔湖图”的美景赫然呈现在我面前。激动之余回首凝眸，一条光荣的荆棘路见证的，是一次次十字路口处的选择，一场场没有硝烟的战争。对手，正是自己。

几年前的中考，我如愿以偿考入了全省学子梦寐以求的哈尔滨市第三中学。那时的我对大学还没有什么概念，只是暗暗许下承诺，一定要考上一流大学，用三年的拼搏换一个闪光的未来。经过高一一年的学习，很快，高中的第一个选择到来了——文理分科。学理科吧，认可度高，大学和专业选择面都很广，还不用离开原来的班级；学文科呢，大学少，专业少，还得组建新班级，像一年前一样重新开始。这么想，选择似乎一目了然，可是学文科的梦想加上平平的理科成绩让我心中的天平一直摇摆不定。最终，在家人和同学的鼓励下，在对瑰丽未来的期望里，我郑重地在文科班的报名表里写上了自己的名字。

整个年级八个班，文科班只有一个。从踏进这里的那一刻起，一条不同寻常的路也许就已然在脚下铺开，然后，伸向远方。

上了高二之初的几次考试，虽付出了不少，成绩却并不尽如人意。激烈的竞争、普通的成绩、投入与产出的比例失调，让我不得不屡屡在黑夜的灯光下做出选择：要么相信自己，坚持下去，守得云开见月明；要么承认自己的普通和平庸，随波逐流，将来上个一般大学。

我并没有做出最终的选择，只是在每每想到此时都会果断地告诉自己打住，然后又投入到学习中。也许，这本身就是一种选择。

还是得承认那句老话，功夫不负有心人。一年的汗水终于换来了成绩的大幅提高和随之而来的喜悦。坚持，似乎成了我的人生态度。

上了高三，换了教室，黑板旁醒目的倒计时牌上递减的数字更是时刻提醒着我们分秒必争、不敢怠慢。我不是一个擅长逃避的人，勇敢面对才是迈向成功的不二法门。于是我更加努力地学习，在汗与泪的交织中勾画梦想实现时如释重负的模样。

可在老师和同学的莫大期许中，高考，我却败了，与梦想的大学失之交臂。在黑龙江省先报志愿再出分的制度下，残酷的现实让我被迫面临又一个选择：要么上二志愿大学，和梦想挥手作别；要么就复读一年，再给自己一个重来的机会。

这一次，我没有纠结，没有犹豫，因为我从不甘心轻言放弃。告别了昔日的同窗好友，擦干苦涩的泪，背上行囊，离开家乡，独自奔赴另一个陌生城市开始寻梦。

刚刚来到大庆实验中学时，好奇心、新鲜感让初来乍到的我并未有多少感喟。只是当45分钟的课一堂堂过去，当日子就这样一天天流走，当一个个红叉让我怀疑来这里的目的时，孤独感与挫败感一起涌上心头，如狂风骤雨般裹挟了我稚嫩的心。在那样一段起床没有阳光陪伴的黑暗日子里，睁开眼，第一个想到的甚至是昨晚不堪入目的卷子。然后，迈着沉重的脚步，走向食堂、教室。那应该是我最低沉的时候了吧，在“亚历山大”的时候，我会拿起笔，用一堂晚课的时间写下心情，为自己加油。于是，之前从不写日记的我开始有了日记本。

成长带来的理性让我清楚地知道，自己的对手不是别人，正是自己。当大脑和内心产生激烈的矛盾与冲突，当一路向前的豪情壮志遭遇埋首学海带来的身心俱疲，当神圣的北大梦在现实的磕碰下显得不堪一击，我反复告诉自己要内心强大，这是生活对自己的考验，痛苦总是暂时的，总会有守得云开见月明的那一天。在日记里，我写道：

> 为了梦想，从今以后学会从容不迫、稳扎稳打，在看似如水般波澜不惊的外表下收获着波澜壮阔的进步和蜕变，更收获着一颗如水的心。加油！
>
> 以物喜，以己悲，会因为阴天或者不如意的成绩而顿生沮丧，打不起精神，也会因为一点儿小成绩或是一个透亮的晴天而暗自欣喜。在身心疲惫时会偶尔感慨一下生活，但知道梦想就在前方等待着自强不息的追寻者，所以不管怎样都会为了理想奋斗下去，不会放弃，不会停滞不前，并把它当作一生的生活常态，我喜欢这样的自己。未来就在前方。加油！
>
> 既然你想要实现在别人看来最远不可及的梦想，就要付出最艰苦卓绝的努力，这样在7月，你才能拿到那张写满了骄傲的录取通知书。永远保持严谨的思考，不要让忙碌冲淡了思考。心中有方向，思考才会做正功。加油！

也许人生就是这样的苦乐悲喜交织，寒假的北大自主招生，没抱多大希望的我竟一路过关斩将，笔试和面试过后得到了20分

的加分。似乎有一根线，把离梦想愈发遥远的我又拽回了正确的方向。

这就是人生吧，痛苦中永远会有希望和转机。受了这样的鼓舞，我的精神自然大振，也更清晰地知道了自己的目标。生命不息，奋斗就不止。

于是，有了动力的生活就在笔尖上飞快流过。而我也开始调整策略，意识到这时的自己需要的是深入理解，于是在继续夯实基础知识的基础上，更加注重知识的归纳总结和升华。我在自己颇有优势的数学上更关注同一类题型的比较，在比较中找出这类题型的普遍性和每道题目的特殊性。在语文和英语学科上我也开始有意识地做历年高考真题，通过比对标准答案找出自己的不足并继续做基础知识的积累，比如语文的文言文实词、虚词，英语阅读中的新单词、新短语。而在这两科作文上我也试图做到“四多”，即多借鉴、多积累、多动笔、多找老师批改，并尽量让书写工整美观。这样这三科就得以继续保持水平，不会落后。

文综是我的弱项，第一年高考就是因为文综失意而归，绝不敢再疏忽大意，所以在复读伊始我就对文综的学习做了一个规划：上半学期背牢基础知识，尽量做到滴水不漏、无懈可击，并根据课时进度搭配做高考题；下半学期进行归纳梳理，按考试时间做整套题。在这样一个大思路的指导下，上学期的端正态度自然必不可少，而下学期更是充分利用自习时间把几本书都放在桌面上，打破原有的单元式呈现的知识体系，重新建立联系，让自己对知识有一个新认识。例如，历史黑龙江省选用的是按政治、经济、文化划分的岳麓版教材，通史概念不足，便可以按时间顺序编排总结，制作一张通史表格；政治，以经济生活为例，可以按宏观和微观进行区分，宏观多为国家决策者，微观包括企业与个人，企业有多种类型，而个人又可以分为劳动者、消费者、投

资者等不同角色；地理比较琐碎，可将中国地理与世界地理多做比较，以加深记忆。平时也要多关注时事热点，并加以整理，如利比亚境内的资源分布对战争的影响、美国对华进行反倾销调查下国内出口企业的对策，巴以之争的历史渊源等。这样才能做到有备无患，在考场上保持冷静。

终于，高考就这样如期而至。我告诉自己，这又是一场战争，一场与自己的较量，与过去那个爱翘尾巴、有些浮躁的自己的战争。这是一场青春的赌注，我相信，我不会输。

考试的两天、估分的日子都在平淡中过去，6 月 25 日，迎来了自己的分数。虽然还是有些差距，但我知道，我没有输。

回想自己四年的高中生涯，感慨万千。龙应台说，有些路，只能自己一个人走。面对一个又一个十字路口处的抉择，勇往直前的你和那个内心深处疲倦的你到底谁才能成为赢家？选择没有正误，一条路会有一条路上的风景，但是决定权就在你手里。没有人是你永远的靠山。面对成长，你要做的，也是唯一能做的，就是选出一条路，然后坚持走下去，和过去的自己战斗下去，克服种种障碍，把那个桀骜不驯、棱角分明的自己打造成自己想要的模样。展望未来，曾经梦中的北大终成现实，而我在此时对它却有了新的认识：北大的一纸录取通知书，许诺给我的绝不是一个薪水丰厚的工作，一个一帆风顺的未来，一个高枕无忧的人生，而是一个汇集举国英才的新起点，一个身在北大志在四方的平台。十九岁的旅程，才刚刚在这里开启。

面对这样的一段人生，亲爱的学弟学妹们，你们准备好了吗？

用奔跑的速度丈量青春的路

姓　　名：白浩然

录取院系：心理与认知科学学院

毕业中学：山西省长治市第二中学

获奖情况：全国中学生英语素质大赛一等奖

全国高中数学联赛（省级赛区）二等奖

全国高中学生物理竞赛（省级赛区）三等奖

全国高中学生化学竞赛（省级赛区）三等奖

在人生的时间轴上，三年，实在是很短很短。但是，不能仅用时光的长短来衡量岁月的价值。短短的三年，我们用理想点燃自己，让青春像烈火般燃烧。我们知道一寸光阴一寸金，所以我们用奔跑的速度去丈量成长的路。

在一个下午，我再次回到了母校。

我静静地坐在操场边上。操场上，高一的新生正在烈日下参加军训。看着他们在操场上挥汗如雨的样子，我仿佛看到了三年前的自己。时光流逝可真是快，虽然从小就听说“光阴似箭，日月如梭”，但只有真正走过一段岁月，把前方的路一步步踩在了脚下，紧接着又抛到了身后，才明白任何比喻都无法描绘时光那飞快却无声的脚步。不是吗？仿佛昨天我才轻轻地来，好奇而憧憬，而今天就要轻轻地离开，除了留恋还是留恋。

我无意间又陷入了回忆。的确，在人生的时间轴上，三年，实在是很短很短。但是，不能仅用时光的长短来衡量岁月的价值。短短的三年，我们用理想点燃自己，让青春像烈火般燃烧。我们知道一寸光阴一寸金，所以我们用奔跑的速度去丈量成长的路。

我想起了跑步，这种运动或许对于其他人来说很平常，但我对它有一种特殊的感情。是它，像朋友一样，陪伴了我三年。

开始

时光倒回到三年前。当我还是一个高一新生的时候，我最畏惧的运动便是跑步，其中的原因，大家可以从体重秤上夸张的数字中得到答案。还记得中考时，测试1000米，我喝下了两瓶葡萄糖，用出了最顽强的意志，仍然跑了个“君住长江头，我住长江尾”的成绩。自然，刚上高中，我和大部分同学一样，课余时间选择了散步。直到有一件事情改变了我。

在操场散步时，我发现有几个高三的学长，每日必在操场长跑。他们不是校队成员，却能每日准时集合，排成整齐的队列，在满操场玩耍者的欢声笑语中默默地奔跑着。每到最后，还会一起喊着振奋人心的口号，向终点冲刺。看着他们，我突然决定自己要每日长跑，不论对我来说它意味着要付出多少汗水。因为我突然明白了什么是青春的节奏，它不是摇滚乐那激烈的鼓点，更不是飙车一族那轰鸣的引擎，而是这紧凑而又踏实的脚步。它在宣示着青春的执着与拼搏。

于是，我不再是操场上那悠闲的身影，我开始奔跑。

坚持

有人说，年轻人不缺乏干事的冲动，而是缺乏持之以恒的精神。是的，当我度过了跑步的头几天后，我开始产生了放弃的念头。当我每日尽力奔跑时，我发现我仍然很难跟得上一起跑步的同学，像一只落伍的大雁，心里很失落。而且每日的长跑让我很累，全身酸痛，不免产生惰意。还有就是跑步很单调，总让我想加入打篮球或踢足球的行列。我的心底传来一个声音说：“跑步又不是学习，不必如此强求自己。”我走到了放弃的边缘。

我决定最后再跑一次。可就在那次，我改变了想法。我想，如果我不能坚持去跑，那么我还能坚持去干什么呢？我要用自己的意志，带给自己一种改变，一种受益一生的改变。

我做到了，三年来我再也没有中断过。我看到了自己的变化：从畏惧1000米长跑，到每日轻松地跑完3000米；从队伍的尾巴，成为那个最快的身影；从一个易疲劳生病的孩子，成为班上身体最好、精力最充沛的小伙子，还担任了体育委员。恺撒曾说过：“我来了，我看见了，于是我征服了。”而我要说：“我决定了，我坚持了，于是我受益了。”

友谊

跑步给我带来的，不仅仅是健康的身体与顽强的意志，更让我与一起跑步的同学结下了深厚的友谊。我们每个人都铭记我们是队伍中的一名成员，我们虽然不是校队，甚至都不是社团，但我们遵守着彼此的约定，准时开始，风雨无阻。我还记着我们那整齐的队形，记着每跑一圈就会自动换一名同学领队，记着越来越多的同学受到影响加入我们的队伍。那种团结、那种默契，至今让我难以忘怀。

有一次，在下课时间，天下起了小雨，可我仍然决定坚持去操场跑步。本以为只会有我一个人，直到我到了操场，我才发现我错了。大家都到了，等着我一起冒着雨去长跑。跑完后我问一个同学：“我们在雨中跑究竟是为了什么？”他说：“只是为了证明，没有什么可以阻挡一个执着的人。”我笑了，是的，我们来了，因为我们想在未来的挑战面前，给自己一个证明。如今，大家都考上了一流的大学，不知他们若再次来到母校的操场边上，

看着这洒满我们汗水的地方，他们会不会和此刻的我一样，被我们的经历所感动？

陪伴

高三是一段难忘的旅程，在这迈入大学的最后一步中，每个同学的心里都在不同程度地受到挫折的扰动。正是跑步，陪我走过了这高中最后的一程。当我跌到了低谷时，会在下了晚自习后默默地来到操场。操场上空无一人，只能听见我的脚步声。我不知疲倦地跑着，边跑边想着过去的岁月。我想到了三年前的自己，想到了这么多年的努力，我不断提醒自己：坚强的人不是没有眼泪的人，而是含着眼泪奔跑的人，只要坚持去跑，没有到达不了的终点。

转眼高考来临了。最后一天的下午，我与那些并肩作战的兄弟们，再一次来到了跑道上。我们如同往常一样默默地跑着，但从那脚步声中，我听出了我们的坚定与自信。大家都不知道前面有什么样的命运在等着自己，但是不管怎样，我们都会跑下去，在人生的路上永不驻足。或许，这世界上的很多事物都是海市蜃楼，但是，自己的汗水与泪水永远不会欺骗自己。

结语

当我收到期盼了许久的北京大学的录取通知书，当我以过来人的视角回顾我走过的路时，我才认识到，跑步带给我很多很多。若让我以学长的身份给学弟学妹们一些学习以外的建议，我希望，大家能让自己的青春奔跑起来，让自己的生命力奔涌。长跑是一把独一无二的钥匙，打开健康之门，打开意志之门，打开友谊之门，打开自信之门……当这一扇扇门为你敞开，请你相信，整个世界就会出现在你的面前。

努力让自己无悔

姓　　名：刘薇
录取院系：生命科学学院
毕业中学：江西省高安二中
获奖情况：全国中学生生物学联赛（省级赛区）一等奖

无论口号喊得多么响亮，落实到行动上才是最重要的。每当实行计划的时候，不要给自己找任何理由，就算是天塌下来了，也得先做完预先安排的任务。其实只要你开始去做了，就会发现实行起来没有那么困难。

适合自己的就是最好的

初入高三，你会接触到各式各样的经验介绍，可能会感到困惑。但所有的经验总结起来就是两个字：努力。再者，你不一定非得按照某个状元的经验走，他的经验不一定适合你。一个人的学习方法不一定得多高深，可行性高和适合自己才是最重要的。一次次的考试正给了你调整学习方法的机会（当然，进入高三后，只能是微调）。

不要做语言上的巨人，行动上的矮子

无论口号喊得多么响亮，落实到行动上才是最重要的。每当实行计划的时候，不要给自己找任何理由，就算是天塌下来了，也得先做完预先安排的任务。其实只要你开始去做了，就会发现实行起来没有那么困难。

当然谁都会有懈怠的时候，我们不是机器，总有惰性。我们可以停下来休息，但千万别忘了，适当休息后，还要重拾行囊，

整装待发。我自己就有一段时间没有调整好状态，在高一暑假开学后，成绩一蹶不振，用老师的话来说就是“暑假玩野了，心还没收回来”。面对一次次考试的失利，我才意识到问题的严重性，然后调整好状态，重新投入战场。所以，无论假期有多长，别人多么放松，你能放松的只能是身体，心中还得时刻保持危机感。

把目标由大化小

有些目标听起来也许很可怕，其实只要脚踏实地，一步一个脚印，最后你会发现胜利其实就在前方。就像某个寓言里讲的，秒针听说在一年里自己要走 31536000 下，吓了一跳，觉得是一个不可能完成的任务。后来，它又听一位老者说，只要每秒走一下就行，秒针终于放下心来，踏踏实实地滴答了一年。一年后 ，秒针被告知自己已经走了 31536000 下，觉得不可思议。其实有时困难并不像你想的那样难以克服，目标也不像你看到的那样遥不可及。千万不要小看积累的力量，积羽沉舟，群轻折轴。所以，你要想实现高考的胜利，就把上好每节课当作是你的小目标吧！接着认真对待每次考试，不要放过任何一道习题，不要错过课堂上老师讲的任何一句话。当你把这些“小事”做好时，离目标也就越来越近了。

特别是在高三下学期，作业多得做不完，如果只是疲于应付，你会觉得梦想遥不可及。这时就更需要你定出自己的小目标，自己在完成作业的同时，一个一个地完成自己的小目标。

做风雨中岿然不动的舵手

在血雨腥风的高三战场上，从来不缺挫败。没有人可以一直

保持最好的状态，那些在别人看来一帆风顺的人也有不如意的时候。在面对起起落落时，我们可以难过、失落，但绝对不能气馁，此时的失意绝不代表下一刻的失败。没有失败的人生不是完整的人生，没有失意的高三不是真实的高三。正所谓："没有不会淡的疤，没有不会好的伤，没有不会停下来的绝望。"所有的不如意都会过去，但我们要让所有的失意都变得有价值，让每一次的挫败成为你成功的铺路石。

我的高三可谓是一路跌跌撞撞。刚入高三的一次地区统考，我考了市里的第一名，让老师高兴了好一会儿。可在接下来的五次考试中，我考得一次比一次惨，其实并不是我不认真，只是每次都会犯一些低级错误，而且每次还不同……老师实在是看不下去了，一次一次地找我谈话。而我还像个没事人一样，更让老师担心。其实我一直都很相信自己，我觉得失败并不可怕（就算是连续五次的失败也不能说明我不行），让失败弄乱了阵脚才可怕。我依然埋头于题海中，时不时做个小总结，把错题归一下类，每天晚上仍然去操场散步……说实话，在高三那段日子，我很少去想结果。"谋事在人，成事在天。"我一直对这句话深信不疑。我想把眼下的事情做好，无论结果如何我都不后悔。

无条件地相信自己

随着一次次接踵而至的考试，我们常常会感到麻木和迷惘。成绩单上的名次变动，让我们时不时地怀疑自己，感到莫名的恐慌和不自信。这个时候我们就得学着"自负"点，拿出唯我独尊的气势来，无条件地相信自己。如果此时你丧失了信心，那下一刻你失去的可能就是成功的机会。而且在高三时，你一定会听到来自各方对你的评价以及将你与他人进行比较，"这孩子一定上

北大清华”“这孩子咋弄的，怎么一次比一次糟糕啊”……无论你听到了什么，都不要把它太当一回事。别人怎么看是他们的事，你不能让他们左右你的心，真正主宰你的是你自己。

但这并不意味着你可以完全无视他人的意见，你还得听取他人对你的指导，因为有时候“当局者迷”，只是当他人的话对你的信心有所动摇时，你就得无视它们。

关于我

初三的时候，我的成绩一直是年级第一名，因此我自信心爆满，可是中考的时候我却考砸了（虽然考上了高中）。就是这样的经历，让我觉得在高三的时候，每一刻都不能松懈，什么也不能保证下一次我不出错，这也让我明白了一次的得失并不会判我的“死刑”。

高一时，数学是我的弱项，我发现这个问题之后就猛攻数学。不夸张地说，在数学课上我从没有开过小差，老师讲的每一道题，我都会复习好几遍，下次遇到类似的题目一般不会出问题。课后，同学看到我手里拿的基本上都是数学练习册，每天都找数学题做。当时，每天晚上睡觉前，躺在床上，我脑袋里都是数学。学三角函数那段时间，我几乎每天晚上都梦到自己在解题，而且每次解到一半就解不下去了，我都觉得自己快疯了。每次放假，我70%的学习时间都在做数学题，终于皇天不负有心人，在高一下学期的期末考试中，我的数学考了年级第一名。所以，不对自己狠一点，怎么能知道自己的潜力有多大？

我的高中可谓是多灾多难，高二的时候物理又陷入了低迷。那个时候，大家每天都要周练，100分的物理试卷，我几乎每次都在及格的边缘上徘徊。每次看着试卷，我的泪就止不住地往下掉，我不是伤心考差了，而是不甘心：我那么努力，还考这么差。我一遍一遍地问自己，我真的是这么差吗？我真的是不如别人吗？一段时间后，我觉得再这样下去，我会越来越惨。我开始找老师沟通，不再盲目地做题，我把每次做错的题进行归类，并总结每类题的解题方法，再通过做变形题来检验自己的学习成果。从那以后，我每天做的不再只是数学题了，我开始在数学和物理中游走奋斗。

高二下学期一开始，我就投入到生物联赛的准备中，几乎停下了其他所有科目的学习。我每天泡在自习室，从早上 7 点坐到晚上 10 点，把大学生物课本几乎都看了个遍。那些日子，星期六与我无缘，电视剧、电影更是想也不敢想。满脑子都是动物生理、生态学、细胞学。由于是从未接触过的内容，看了又忘，因此我只能一遍一遍地重复，看到最后都想吐了。还记得参加联赛的前一天晚上，我还拿着“精英教案”在那儿“啃”，当时是看哪页，就觉得哪页不会……不管怎样，都要感谢那段日子，它带给我的不只是高考的 10 分加分，还让我学会沉下心来、耐着性子，完成一些看起来不可能的任务。在参加完联赛后，我放弃了可能参加全国竞赛的机会，重新回到正常的学习生活中。可悲剧的是，我回去的第 4 天就要参加月考。我是带着“必死的心”复习了 3 天后走进考场的。也许就是这段日子学会的东西让我在未进教室两个月的情况下一参加月考就考了年级第一。从那之后，我就相信没有什么是不可能的，只要你肯拼搏、肯努力。

高三更是充满戏剧性的一年。高三上学期我的分数稳定在 650～660 分，到了下学期，8 次考试让我的成绩上下摇晃，最差的一次到了 580 分。老师开始频繁地找我谈话，各科老师轮番上阵。“赶快调整心态，别给自己太大压力啊！”类似的话语顿时充满耳朵。其实我觉得我的心态一直没问题。我就开始怀疑自己的

实力了，可我本身是最讨厌实力论的。我整天都被自己的想法折磨得不能静下心来学习，一段时间后，我觉得这样下去不是办法，于是决定什么大学、名次、分数的事情，全都抛在脑后，全部精力只放在题目上，眼里只有一张一张的试卷。我再也不关注百名榜上的名次，每当老师表扬人的时候，我就把头埋在书里，不是羡慕嫉妒恨，而是觉得什么都不重要，除了自己实实在在掌握到的知识。我当时想，无论高考结果如何，我都不会后悔，我只要带着自己学到的知识和一颗坚定成熟的心离开高三，这样就无愧于自己了。再说，这么多的考试怎么可能不出错。我在两次连着的考试，前后就相隔两三天，成绩却相差很多。前一次考了地区的十多名，后一次考了省里的第四名。所以，无论此时如何，下一刻仍需要自己去努力。

在最后的几个月里，我开始重点攻克作文这个难题。课间我常常拿着一本本的作文书看，记下素材，学习写作技巧。利用每次考试练笔的机会，运用刚学的写作技巧。不管老师评多少分，我都没有停止这种尝试，我的目标是形成自己的写作特点。最后在高考的时候，我理综失误丢了 18 分，是作文拉了我一把，才让我有机会进入燕园学习。所以，不要轻易放弃对任何一个题目的练习，少钉一个马掌都可能会导致整场战争的失败。

至于课后娱乐和学习的问题，我觉得是根据个人的情况而定，没有必要非得和别人一样。我就是那种会忙里偷闲的人。在完成一个小目标的时候，我会小小奖励自己一下，比如看一场电影。每次休息过后，再投入学习时都会觉得格外有劲。就像端茶杯一样一直端着会觉得越来越重，放下后再端起才能端得更久。当然，绝对不可休息过头，要不然再学习时，心思就很难收回来。我还会在每天晚上去操场散步，不仅锻炼了身体，而且还能放松心情。在难过的时候，我就会在操场上大叫几句，发泄一

下。我曾经尝试过一直坐在教室里，一直看书，做作业，几天之后，我就发现我的头脑像糨糊一样，越搅越乱，上课也没劲，做作业做着做着就头痛。不管怎样，还是适合自己就最好。

关于高考

很多人都在抱怨高考制度的不公平，抱怨存在地区性的区别对待。我认为，这样说实在是太片面了，不同的地区学生接受的教育也是千差万别的。如果全国各地统一对待，那又是真正的公平么？任何事都存在或大或小的弊端，我们不能一味地抱怨，而应该寻找出路，学会适应。况且，高考是如今最公平的制度，无论是谁都要接受知识的考验。还有人说，现在的高考禁锢了学生的思想，抹杀了学生的创造力。从某种程度上来说，的确是这样的。但高考也让我们学会了面对失败，使我们得到了成长。而且，高考远不仅仅是死读书就可以过关的，它让我们学会了总结，学会了反省。毫不夸张地说，如果连高考这关都过不了，那面对人生中的那么多难关，你又如何能过关斩将？

试着将高考看成是锻炼自己、使自己成长的一次机会，而不是把它看成一种负担。停止抱怨，克服排斥心理，才有可能战胜高考、战胜自己。

以梦为马，奔向北大

姓　　名：孙小淇

录取院系：社会学系

毕业中学：辽宁省阜新市高级中学

获奖情况：2010 年全国中学生英语能力竞赛高二年级组一等奖

辽宁省普通中小学（中师）三好学生

第 10 届全国创新英语大赛“东北赛区”三等奖

辽宁省优秀学生

理想不是挂在嘴边就可以实现的，需要你将它种在心田，用心浇灌，还要敢于去迈出那关键时刻的一步。可是，有多少人在追梦的路上还没起步就已放弃。我们总以为自己在向残酷的现实妥协，殊不知是在向懦弱的自己妥协。

当那份红色封面的特快专递送到我的手中时，心里有个声音响起："这一天终于到了。"是的，这一天终于到了，经过了这么多日子的等待，终于能将录取通知书紧握在手中，感受那份特别的踏实感。没有想象中的欣喜若狂，这份喜悦是这么宁静，因为为了这份喜悦已经付出了很久很久。

一直相信一个人和一座大学是有缘分的。记得我还是个不懂事的小孩子时，就听说了"北大"这个名字。电视剧里的一位器宇轩昂的年轻法官常常炫耀自己是"北回归线以里最大的学校"毕业的，妈妈就总是问我："去这个学校好不好？"我说："好啊。"就这样，我对理想许下了承诺，并且从未改变过。

因为有梦，所以慎重对待人生中的每一次选择，坚定行路的方向。经过了小学和初中的懵懂与青涩，我踏入高中的校门。高中生活开始后不久，我就迎来了人生中的一次关键选择——文理分科。我至今都记得当时决定选文科时心中的激动与坚定，选择文科，不是因为我理科太弱，而是出于内心深处对文科的热爱。虽然好多人都不理解我，认为学文科没有学理科有前途。但这只能让我更加坚定地走下去，因为既然选择了远方，就要风雨兼程；既然选择了理想，就没有放弃的理由。高中的学习方式和初

中的有很大的不同，而对于选择文科的学生来说，则意味着需要重新建立一整套新的学习体系，因为初中的课业中理科占有决定性比重，我们以前积累的学习方法也大多是理科方面的。在一步一步的摸索中，老师的指导和自己的思考是必不可少的。如果说老师为你提供了大致的路线，那就需要你自己慢慢地探寻，去踏实地走好每一步。

高中三年，令我收获颇多的是积累了一些看书的方法。一本书，翻开来，先看前言、目录，了解大致的结构框架，然后分课时去细细研读。一定要了解每一课要求必会的内容，同时，也别忘了通读课文，做到“点面结合，详略得当”。对于文科生来说，那些文科书上的插图甚至是注解都要注意到，这不仅仅是为了应对考试，更是为了拓宽知识面和视野。“不积跬步，无以至千里，不积小流，无以成江海。”只有“厚积”，才能“薄发”，只有不停地打好地基，才能搭建出通向理想的天梯。而对于数学这样的“纯理科”则需要认真分析例题，总结方法，大量地做题更是必不可少的。我不提倡题海战术，因为并不是所有的题都值得一遍遍地重复做，我喜欢把题目分类，一类一类地专门去解决。高中的学习固然累，但是在学习中寻找方法，便会发现那知识中蕴含的无尽乐趣，吸引着你去不断地研习。

因为有梦，所以要求自己必须优秀，哪怕再苦再累也甘之如饴。高中三年的旅程对于我来说就是一路狂奔，时刻都不敢放松。从刚上高一时的不太适应到完全熟悉了高中生活，一路走来，靠的是不懈的努力。还记得刚上高中时的两次大型考试，我的数学成绩都很不理想。而我对成绩又特别在意，形成了一种患得患失的心理，一到考数学时就特别紧张，继而影响发挥。在这样的怪圈里循环，称得上苦不堪言。可是，从小到大，我的字典里没有“认输”两个字，今天差不代表明天也一定差，我一定要超越自己。高中生活里最大的困难就是时间不够用，为了挤出时间多做几道数学题，中午放学后，我就飞快地跑回家，用最快的速度吃饭，然后牺牲一点午睡时间，钻研数学。那段日子过得很苦，常常睡眠不足、压力很大，又正处于对数学的“寻路”阶段。但如今回忆，那段日子却是最美好的，因为过得纯粹、踏实，始终在为目标奋斗着，从来没有放弃过。经过这段近乎“死磕”的日子，我的数学成绩成为班上最好的，数学也成为自己的优势学科。有人说过，人生如登山，这世上最难攀登的山其实就是你自己，而向上走，每走一小步，都有新高度。是的，只有不断地突破自己，才能实现提升和飞跃。

因为有梦，所以持之以恒，绝不认输。高中三年，我留给大家最深的印象就是走路特别快，同学说我好像总在追赶着什么。我确实是在追逐着一样东西，那就是梦想。我清楚地知道，那条通往北大的路很长很长，需要我竭尽全力去一路狂奔。这种追梦的状态让我爱上了奔跑。我喜欢在晚自习下课后去操场上跑圈，在一次次的奔跑中，我总是有这样的感觉：那一步步丈量的不仅仅是脚下的跑道，更是自己奋斗的恒心和毅力。于是，当昏昏欲睡时、疲惫不堪时、压力极大时、成绩不理想时，我都会去操场上跑圈。我告诉自己，只要奋斗的脚步不停，一定会奔向远方，而那目的地就是北大。忘不了青春的岁月里，一个女孩子不停地在路上奔跑，跑过懵懂与无知，跑过困惑与苦闷，跑过迷茫与动摇，一步一步，从不停下，在奔跑中积蓄力量，在奔跑中坚定信念。人生路那么长，以一种充满激情的姿态去迎接每一次挑战，以全速前进的状态奔向远方，即使光阴飞逝，也会在行进中创造辉煌。就像马拉松选手习惯把长路程分解成多个小段一样，我喜欢给自己制订阶段性的计划。每个计划时间都是 100 天。在这 100 天里，我又会根据每次考试将它分成不同的阶段，定好每次

考试的目标，然后还要更细致地定好每天的计划，并认真完成。这整个的过程就像一个大大的树状图一样，每一天的努力使大树上不断长出新的树枝和叶子，日积月累，树木参天。

因为有梦，所以不断地挑战自己，寻求超越。高中生活比较单调，“堆积如山”的卷子，接连不断的考试。可是即使单调，也能寻到突破点。我的突破点就是那些竞赛。文科的竞赛很少，主要就是英语竞赛。其中，全国中学生英语能力竞赛（俗称“英语奥赛”）是我参加时间最长的竞赛。我从小学起就开始参加，一直到高中。我很喜欢这个竞赛，虽然高中时间很紧，而且备考英语奥赛的同时常常要应对期末考试，但是也能让人在短时间内爆发出巨大的潜力，每一次英语奥赛都是我能力的一次提升。清楚地记得每一次备考的过程，早上赶到学校腾出一点点早读的时间背单词，自习学累了就拿出奥赛书静静地看上一会儿，而晚上放学后则以最快的速度冲出教室，回到家中抽出半个小时练习听力。备考英语奥赛的日子里，忙是常态，但是这种忙带来的并不是混乱，而是知识上和心灵上的充实。我不是所谓的“竞赛控”，我只是借着竞赛找到了突破点。文科的竞赛往往不和加分或保送挂钩，因此也没有那么大的压力。但是对于学理科的同学来说，竞赛则有更多的意义，如果想要取得国家级奖项，必须全力备考，有的甚至会影响高中日常学习。这样的竞赛热是值得人反思的。竞赛的本质是想让学生在挑战中实现能力的提升，为有特长的同学提供一个展示的平台，可却在一步步滑向功利化。如果只是为了上大学的目的去参加竞赛，那么你体会不到学习知识与挑战自己的乐趣，只会在功利化的道路上疲于奔命。

一路寻梦，庆幸有人相伴。忘不了每日学习到深夜时，妈妈陪伴在旁的温暖；忘不了每天放学回家时，姥姥的问候；忘不了每天放学，爸爸的等待。亲人的陪伴是我最有力的支持。忘不了

每次考试结束后，老师总是帮我分析问题；忘不了下课拿着一堆题去问老师时，老师的耐心解答；忘不了考试失利后，老师对我亲切的鼓励。老师们的教导让我时刻认清前路，踏实地前行。忘不了课间休息时，同学幽默的话语；忘不了一起奋斗时，朋友的鼓励；忘不了伤心难过时，朋友的陪伴。我亲爱的同学们，你们陪我走过了高中三年，让这求学之路不曾孤单。光阴就像一列呼啸而过的火车，没有人可以原地不动。那些陪伴我度过高中三年的人，虽然有些可能将要从我的人生列车上下车，奔向自己新的旅程，但那份情谊始终都在，会陪伴我一生，时刻温暖着我的心灵。

一路寻梦，勇敢面对每一次挫折，在逆境之中成长。忘不了高三一年的“黑暗”，接连不断的模拟考试像一颗颗炮弹，轰炸着我们因压力而异常敏感的心灵。成绩、排名仿佛是你所有努力的唯一鉴定，我们执着于成绩的起伏，在悲伤与喜悦间来回游走。还记得曾在成绩不理想时，回到家中大哭，然后加倍努力，期待着下一次的考试。可是，却偏偏接连失望。在情绪的无数次大起大落后，在读过了许多学长们的奋斗经历后，我问自己：“模拟考试究竟成就了谁的辉煌？”考试的确是成绩的检验，但人生中的考试又何止这些模拟考试？用自己心中的尺度去公平地衡量自己，确认那些汗水和泪水没有白流，确认自己是踏实地付出便已足够。于是，不再纠结于一时的成绩，而是学会了在考试后迅速调整状态，投入新一轮的复习之中。走过高三，那些模拟考试的场景仿佛就在昨天，是那样的真实可见，那种忐忑也还可以回想得见，可是此时的心中却多了份从容与淡定。我知道，那是历练过后的成长。

一路寻梦，不断拓宽自己的视野，希望不会忽视那沿途的风光。既然选择了远方，就要风雨兼程，可在前行的路上，我不想

错过那沿途的美丽风光。“世事洞明皆学问”，日常的高中生活固然是对知识的丰富，但整日埋头书本与试卷难免会造成与当下社会的些许“脱节”。我需要更广阔的视野，“风声雨声读书声声声入耳，家事国事天下事事事关心”，这才应该是一个高中生的追求。繁忙的学业让我没有时间去“行万里路”，但我可以“读万卷书”，以书为友，从书中领略大千世界。从日常的新闻杂志到厚厚的历史书，从生动感人的小说到嬉笑怒骂的杂文，在阅读中，我与作者对话，与时代对话，更与整个世界对话。不同的视角带来不同的体会，书中作者丰富的经历震撼着我的心灵，也不断地引发我的思考。在阅读中，我汲取了知识与养分，收获了感动，更学会了成长。至今都还记得读过的一篇文章，一位正值青春年华的女记者放弃了大城市中的舒适生活，执意前往中东，一去就是十年。这十年里，她行走在枪林弹雨中，行走在生与死之间，多少次命悬一线，却从未曾放弃。她是一名独立记者，她的身后没有所谓的知名报社或是电视台作为支持，在中东的采访，所有的经费都是靠自己。她的选择让很多人难以理解，但我却觉得她的身上散发出异常的光芒——那是理想的光芒。为了自己的热爱和追求，敢于远涉重洋，甚至将生死置之度外，为的只是身为一名记者的良知与对真相锲而不舍的追寻。我时常在想，人生在世，如果肯为理想如此一搏，又有何遗憾？于是，我将这位记者认作心灵的挚友，用她的经历激励着自己朝着梦想狂奔。

一路向前，最爱仰望星空，那理想的光始终为我指引着方向；一路向前，不忘脚踏实地，一步一个脚印，用勤奋去夯实地基。总觉得自己是一个太过理想主义的人，在人生方向的选择上始终是理想第一。从文理分科时坚定地选择文科，到保送生填志愿时坚定地填下社会学。有太多的人劝我去学经济学，可是我却因为不喜欢而拒绝；也有太多的人提醒我选择社会学之后的就业

问题，可是我却想一直在学术的道路上走下去。在这个过于喧嚣的时代，我只想选择自己喜欢的路，踏实地走下去，做到静心、勤恳。社会学，这个将实践和理论完美统一的学科，这个崇尚经世致用的学科，展现给我的是一种不一样的追求。理想不是挂在嘴边就可以实现的，需要你将它种在心田，用心浇灌，还要敢于去迈出那关键时刻的一步。就像那个女记者，敢于直奔中东，哪怕枪林弹雨。可是，有多少人在追梦的路上还没起步就已放弃。我们总以为自己在向残酷的现实妥协，殊不知是在向懦弱的自己妥协。永远不要放弃理想和追求，选择一条自己喜欢的道路，坚定地走下去，不管路途多么坎坷，不管要跨过多少条河流，攀上多少座山峰，都不要灰心，不要放弃，因为那前方有梦想的光亮在指引你，你定会一路向前，所向披靡。

一直很喜欢一句话——“为天地立心，为生民立命，为往圣继绝学，为万世开太平”。那是怎样的一种追求和境界！只有在真正的大学才能见到大师，才能拓宽人生的视野。而北大就是住有大师的学园，是我用尽全力去追寻的理想之地。北大的气度是一种无形的力量，吸引着一批又一批的学子走进这片理想之地。而带着我奔向北大的，便是那梦想之马。以梦为马，奔向北大，这一路，我收获了知识，收获了情谊，收获了感动，更学会了成长。如今，站在大学的门前，我满怀希望，憧憬下一段旅程……

分享喜悦

姓　　名：周钰静

录取院系：化学与分子工程学院

毕业中学：上海市华东师范大学第二附属中学

获奖情况：第25届全国高中学生化学竞赛暨冬令营一等奖

2010年、2011年全国高中学生化学竞赛（省级赛区）一等奖

自学，它的重点不仅在于学到知识，更重要的是自己去选择学习的内容和方式，去安排、规划学习的进度和时间，去督促自己完成特定的目标，然后你就能够成为自己真正的学习支配者。

写下这些文字之前，我感到无比的激动与喜悦。此时此刻，放在我面前的是梦寐以求的北京大学的录取通知书，展现在我眼前的是即将到来的四年燕园生活，等待我的是光荣的“北大人”的身份。总觉得昨天才刚刚拖着大包小包行李踏入华东师范大学第二附属中学（以下简称“二附中”）的校门，总觉得自己还是那个在东方绿舟晒得黢黑的孩子，而现在这个孩子就要收拾行囊，独自北上了。

我是幸运的，在高中阶段参加了化学竞赛，因此也收到了北大抛来的橄榄枝，让我能够有机会进入北大化学与分子工程学院进行学习。回顾整个高中的竞赛生活，我确实有很多值得回忆的心情，也有很多值得记录的经验。虽然文笔拙劣，但是我仍然希望能够写下这点点滴滴的片段，仅算作对过去的总结和纪念，也希望能带给学弟学妹们一些帮助。

竞赛是与非

在当今竞争如此激烈的情况下，能够获得一等奖，我想自己

的运气和努力都是不可缺少的。下面是一些我个人的学习经验，希望和大家一起交流分享。

先简单介绍一下化学竞赛的情况和流程。高中学生化学竞赛是面向高中在校生举办的知识竞赛，主要分为四个阶段。第一阶段是各省的预赛，这一阶段在上海是没有的，但是有的省份要举行考试，然后按照成绩下发全国初赛名额。第二阶段是9月份的全国高中学生化学竞赛（省级赛区，以下简称“初赛”），这是绝大多数人准备竞赛的目标，在这一阶段获得一等奖的同学就能够获得直接保送大学学习的机会。第三阶段，上海市会选出初赛名次靠前的同学进入市集训队，通过实验培训和理论考试选拔出省队代表，参加“全国高中学生化学竞赛暨冬令营”（以下简称“决赛”），根据比赛期间的理论和实验考试成绩评选出一等奖、二等奖、三等奖，然后从一等奖开始取前30～50名进入国家集训队。第四阶段，最终选出4人参加第二年7月举办的国际化学奥林匹克竞赛。

竞赛的过程应该是由浅入深、由易到难的。首先我们要从浅显易懂的书中获取基础知识，建立完整而扎实的基础体系，这是日后能够研究学习更加高级知识的必经过程。当然，这样的过程也有助于系统地了解一门学科，能够真实地了解到自己是否对这门学科有兴趣、有激情。对于化学竞赛的入门阶段，我认为阅读高等教育出版社的《无机化学》和邢其毅等编的《基础有机化学》是比较好的选择。这两本书的难度适中，内容比较完整，系统地学习这两本书能够帮助我们在整个学习过程中打下坚实的基础，培养良好的化学素养。而且对于立足于初赛的同学，由于无机化学和有机化学所占比重很大，所以如果可以扎实地掌握这两部分内容，同时密切关注历年初赛的真题，熟悉考点，再辅以一定数量的模拟题巩固知识，检测自己的能力，那么是很有希望在

初赛中获得好成绩的。进入高二，参加完 9 月份的初赛之后，可以说是进入了更加关键的阶段。在这一年中，首先应该对自己有个清楚的定位，是更加侧重竞赛还是高考、自主招生？是着眼于初赛获奖还是有信心冲击市队参加全国决赛？调整好自己的心态之后，看书的时间也要慢慢增加。一方面，基本功不可偏废，除了以上提及的书目以外，可以根据自己的能力和需要，适当选择不同版本或者不同深度的国内外教材进行阅读，做到博采众长。另一方面，结构化学和分析化学部分也要开始阅读相关的书籍，北京大学出版社的《分析化学：定量化学分析简明教程》和《结构化学基础》是不错的选择，既易于理解，又基本覆盖了初赛和决赛的考试重点。在严格执行上述计划之后，会使你在高二这一年取得长足的进步，各方面的知识水平上升一个台阶。

深爱的二附中

除了个人的努力以外，我不得不提到二附中，这片我深深热爱的土地，这个我人生关键而明智的选择，这个我用再多的语言文字也无法尽说感谢的学校。二附中对不同年级的学生开展学科竞赛辅导，构建了基础型课程、拓展型课程、研究型课程相结合的课程结构，重视因材施教，提倡研究型学习，注重培养我们的创新意识和创造能力。

二附中的老师不仅教会我们知识，更重要的是培养了我们的学习能力，尤其是自学能力。在学习的过程中，我们总是会遇到各种不同的问题和困惑。这里的老师不像初中老师那样，细心详细地为我们解答。取而代之的是，他们会指引我们寻求解决问题的方向。无论是自己查资料翻阅文献，还是同学之间相互讨论，我们都是在运用自己的办法来找寻答案，来解决困扰我们的问

题。随着年级的升高，教学的模式在一点点地转变，不再是低年级时填鸭式的教育和反复操练讲解的过程，而是一种兼有学习和探索的开放模式，这种模式下的主角不再是老师，而是我们自己。开始的时候我对这种学习模式极为不适应，每次我想直接得到老师们专业的回答时总是会碰钉子。现在回想起来，正是因为老师们的这种做法，“逼迫”我勤于思考、翻阅书籍，时间久了，我便减少了对老师的依赖，学会把自己作为学习过程中的主角。这种位置的转变、模式的变化，对我个人能力的提高有着很大的帮助。我也强烈地建议学弟学妹们能够清楚地认识到自学能力的重要性，在今后的学习生活中能够注重这方面能力的培养。

同时，二附中还为我们提供了宽松的学习环境，留出了更多的时间让我们选择自己感兴趣的科目深入学习。在课程设置上，我们每周会有固定时间段的竞赛课，老师们会梳理竞赛中的重点知识，做一些启发性的讲解。当然，化学是一门理论和实验紧密结合的科目，学校也是考虑到了这一点，所以允许我们利用暑假的时间进入实验室进行操作练习，更难得的是学校还为我们请到了前几届毕业、同样进入北大学习化学的学长来进行辅导。由于学长是“过来人”，因此，我们在与学长的交流过程中，不仅学到了专业的知识，更能够得到一些心理的帮助和共鸣。在二附中，我的竞赛得到了有力的支持，也遇到了知识渊博的老师和志同道合的朋友，这些因素都是我能够取得成绩所不可或缺的。

竞赛与课堂学习

参加竞赛绝不意味着放弃课堂学习。对于平时的学习，最好的方法就是提高课堂学习的效率，在尽可能短的时间抓住重点、掌握精髓。我深深地体会到，数理化从某种程度上来看是三位一体、相辅相成的，没有线性代数的基本知识，便没有办法真正掌握好结构化学，没有光学的基本知识，便没有办法透彻理解好仪器分析。如果忽视了基础学科的学习，那么在学习过程中必然会遇到大大小小的瓶颈，最终也只能停留在比较低的层次上。这是我对学科之间相互关系的理解，也是我一直坚持同等对待基础学科的原因。

各种课外活动和个人爱好，同样是我高中生活中不可缺少的内容。进入高中之初，我参加了学校的模联社团，通过参加各种会议锻炼了自己的表达能力和交流能力，培养了自己分析和理解社会问题的能力，当然也结交了许多来自全国各地的朋友。同时，我也喜欢各种运动，经常和同学打乒乓球或者网球，还代表班级参加了学校的篮球和足球联赛。我相信，适当参加课外活动和体育锻炼，绝对不会影响学习。它们是忙碌生活的调节，能够让我们以更加有活力的姿态投入下一阶段的学习生活中去，否则人便会像一直紧绷的橡皮筋，总有一天会完全崩溃。我们真正需要学习的是如何控制好度，因为“劳逸结合”这四个字可不如表面上那么简单。个人经验是：一张仔细制订、严格执行的计划表很有帮助。

在学习方法方面，我也有一些自己的见解，都是我最真实的亲身体会。

第一条建议是培养自学能力，这也是我反复提及的。我一直和同学开玩笑，说我高中把该吃的苦都吃尽了，到大学里就不会不适应了。虽然这是一句玩笑话，但是我真正想表达的是：能够在高中提前接触到自主学习的模式，并且能够尝试去融入其中，对于我们每一个人来说都是无比受用的。自学，它的重点不仅在于学到知识，更重要的是自己去选择学习的内容和方式，去安排规划学习的进度和时间，去督促自己完成特定的目标，然后你就能够成为自己真正的学习支配者。我觉得提早培养这种能力是非常必要的，这不仅有利于日后的大学生活，以后走向工作岗位的时候也能够显示出独立意识和自我管理能力。

第二条建议是巩固复习。我想只有少数人能认为自己可以做到过目不忘吧。郑板桥说："千古过目成诵，孰有如孔子者乎？读《易》至韦编三绝，不知翻阅过几千百遍来，微言精义，愈探愈出，愈研愈入，愈往而不知其所穷。""东坡读书不用两遍，然其在翰林读《阿房宫赋》至四鼓，老吏苦之，坡洒然不倦。"作为"凡夫俗子"，我们对于所学的知识更是难免会遗忘。当你发现自己对曾经非常熟悉的知识点已经毫无印象的时候，千万不要灰心气馁。重拾书本，重阅笔记，脑海中重新回想老师授课时的讲解，是面临这种情形的最好选择。毕竟与初学不一样，再一次巩固复习的过程中，你的学习效率会很高，丢失的记忆也会比较快地恢复。完成复习工作之后，这些知识点就会回归到你的知识体系中。而且由于你忘记它所带来深深的"自责"和"懊悔"的情绪，会进一步帮助你加深记忆，要想再一次面临这样"令人伤心"的局面就比较困难了。

第三条建议是别把学习这件事看得太功利。学习的结果固然是值得关注的，但是在学习的过程中所获得的能力相对来说更有价值。很多人都在为不想学习找借口，有些人说读书未必是唯一的出路，有些人说读书好未必以后就是成功的，也有些人说现在高中、大学所学的知识在以后的生活中根本用不到。我承认这些说法有一定的道理，但是也是很片面的。也许在以后我们的工作中，确实用不到数学分析、线性代数，确实用不到热力学三大定律，也用不到有机无机结构分析，但是学数学的时候建立的分析和推理能力，学物理的时候形成的缜密思维，学化学的时候培养的总结归纳习惯，难道在工作生活中完全没有体现？我们可以不

必计较零星的知识点的缺失和空白，但是却不能忽视学习真正的作用。从一个幼稚的小孩，成长为有智商、有情商的成年人，各个阶段的学习赋予我们不同的能力，在特定的时间就会发挥作用，尽管当时的你并没有意识到。

高中三年一路走来，沿途荆棘密布。直到现在，我依旧清楚地记得暑假集训的日日夜夜，我们的周围只有书本上的公式、笔记上的有机物和在昏暗的灯光下翻过的那有些破旧的纸张。我也依旧清楚地记得我们做过的一个个实验，从美丽的三草酸合铁酸钾晶体到针状的苯甲酸钠，从在无色溶液中看酚酞的一点点微红到分辨甲基红带有的一点点橙色。和我一起走过这段艰苦而充实旅程的战友，他们伏案的身姿和昂扬的斗志给予我莫大的激励与鞭策；陪我一起度过这段坎坷而充实旅程的恩师，他们渊博的知识和细心的教诲使我获得了前进的力量。

宁静方能致远

在我看来，想要取得成功必须要付出巨大的努力。很多人说我有"学霸"的气质，我觉得并非如此。不仅对于学习来说是这样，在生活的各个方面，拥有坚定的信念和顽强的意志，去努力实现自己的理想和追求，都是我们应该具备的人生态度，这也是我成长经历中一直奉行的原则。这个世界上不劳而获的事情实在很少，运气永远没有付出来得可靠。

当然，在某种程度上，一份耐得住寂寞的心性，也是成长路上所需要锻炼的品质。古今之成大事业、大学问者，必经过三种境界。"众里寻他千百度，蓦然回首，那人却在灯火阑珊处。"此第三种境界也。寻得伊人固然令人欣喜，可是没有千百度的孤独企盼，又怎会换来回首时的惊喜？如果不能坦然接受孤独、享受孤独，又怎么能度过每一个漫漫长夜，又怎么能坚持走完这段艰辛的路程？宁静方能致远。

总觉得往昔的记忆还在脑海里浮现，现在生活已经迫不及待地进入下一个篇章了。虽然我还想沉浸在过去取得的成绩中，还想再享受一下保送的喜悦，其实也只能想想罢了。以前的事情终究会成为历史，更加令人期待的是即将属于我们的现在和将来。奈何以非金石之质，欲与草木而争荣？着眼现在，脚踏实地。跟三年前进入高中一样，我将会怀着忐忑和兴奋的心情踏入燕园，开始我的大学生活。希望四年以后毕业之际，我也能和离开高中时一样，在记忆的长河中谱写那么多精彩的故事和骄傲的经历。

追梦三忆

姓　　名：姜笑雨

录取院系：信息科学技术学院

毕业中学：河北省石家庄市第二中学

获奖情况：第 28 届全国中学生物理竞赛（省级赛区）一等奖

其实各种因素造成的学习状态起伏都是很正常的现象，我们可能做不出难题、背不过课文，甚至听不懂老师讲课，而且由此带来的负面情绪可能会进一步影响自己的状态。然而“用行动带动状态”这句话或许可以启示我们，与其花很多时间恼怒、抱怨，并让不好的状态一次又一次地破坏自己的心情，不如放平心态开始行动，用平静的学习过程消磨心中的戾气，让自己慢慢地回到正轨。

时间总是快得超乎想象，满怀好奇和兴奋地成为一名高中生仿佛还是昨日发生的事情，而现在已经毕业的我将要怀着同样的憧憬踏入燕园。回顾所来径，苍苍横翠微。回顾那些为梦想奋斗的日子，感慨良多。细细回想三年的高中时光，尤其是从参加竞赛到圆梦北大的奋斗过程，有以下三点让我感受最深。

敢于挑战

“奥林匹克精神永恒”，这是我的母校石家庄二中几周前给我们这些竞赛保送生征文的主题。的确，是竞赛的机会让我成功地踏入燕园，但我想说，竞赛的经历所带给我的远不止这些。

我是物理竞赛获奖者，其实我从高一暑假才开始真正学习物理竞赛内容的。高一的时候每周末都有竞赛课，我选择了物理和化学这两科，并把大部分精力都放在了化学学习上，物理竞赛只是勉强跟着听听课。学了一年之后，虽然说成绩还不错，但化学抽象的理论逐渐使我对它失去兴趣。于是我放弃了化学，开始主攻物理。

现在看来，选择学物理确实是需要勇气的。物理竞赛的队伍中汇集了年级里非常优秀的二十名同学（最终有十一人获奖，七人进入北大或清华，刘尚同学还获得了亚洲物理“奥赛”金牌），很多同学都是从一上高一起就开始参加物理竞赛的，几乎是零基础的我与他们的差距可想而知。记得那时电学我学得很差，于是就买来程稼夫教授写的《电磁学》竞赛教程，只看知识和例题，从头到尾花了四五天一气看完。然后又花了将近一个月的时间把那本书上的习题全做了一遍，有不会的就问同学，直到弄懂为止。由于我不是“科班出身”，所以几乎所有落下的知识都是采取这种方式学来的，力学、热学、光学、原子物理，都是如此。

准备竞赛的生活其实远没有外人看来那么轻松。在高二的时候，周一到周六白天跟着上课，晚上写完作业就做物理题，周日上午跟竞赛老师练半天，下午和晚上继续回班学习直到晚上十点下晚自习，这是我一周生活的常态，甚至想不起来有哪一个半天能在家睡到自然醒，然后起来上上网，出去打打球。两个暑假和一个寒假也都是在外出培训和自习室刷题中度过的。考试前的那个暑假是我刻骨铭心的两个月。在那段时间里我们几乎做尽了市面上物理竞赛参考书上的题目，刷题时如同机器一样快速而有节奏。每个人心中都有些焦虑，或是担心如果竞赛失利以后该如何面对高考，或是对复赛到底要考什么难度的题心里没底，甚至是由于状态不好或是一个题没有做出来而烦恼一整天。虽然会有这样或者那样的不顺，但那种想要努力做好的愿望给了我一种充实的感觉，最终坚持过完了这个主题只有“物理”两个字的暑假。

或许有人会问为什么我们能对某个学科如此地倾尽全力，我想，这动力的主要来源就是学科本身。说实话，刚上高中的时候

对于物理我其实并不了解，学习竞赛也只是把它当作一种升学的方式，一开始学也觉得满篇的代数式和计算没有太大的意思。但随着学习的深入，当我能够用自己学习到的物理知识解释自行车为什么会走，陀螺为什么会转，把铅笔竖放在桌子上它会怎样滑倒等生活中的问题时，我开始认识到物理作为解释这个世界如何运转，一切事物如何相互作用的科学的魅力。它的原理简单，形式优美，应用广泛。高中课本里的物理知识有点像是空中楼阁，很多东西并没有给出详细的解释和推导，而学习了一定大学课本里的知识，从体系上对物理知识有了新的认识之后，研究问题时会有一种脚踏实地的感觉。比如当我一口气读完舒幼生教授写的《力学》，明白了到底什么是动能、什么是势能，一些死记硬背的公式到底是怎样推导出来的时候，心里就会感到十分畅快。在学习时心里会时常充满着对于研究一些现实问题，了解这些规律的极大渴望。我想这种乐趣，是某些抱着过于现实而功利的眼光，认为学习科学没有前途的人们无法体会到的吧。

真心地建议学弟学妹们在学有余力的情况下尝试挑战一下自己。这样的尝试不必十分功利和“专业”，听听周末老师的竞赛课，自己买几本课外拓展的书来阅读，甚至是在学习中对某些感兴趣的知识进行深入的研究等都是可行的方式。也许竞赛不会再作为升学的一条道路出现，但希望你们能将这种乐于钻研、朴实做事、敢于挑战的“奥赛”精神继续下去。

竞赛获奖让我圆梦北大，但在学习竞赛的经历中我的收获已经超过了那张录取通知书。我培养了自己的自学能力，结识了一群并肩奋斗的战友，对于科学有了全新的认识，养成了静下心来去思考问题的习惯。可能这样一条条总结起来语言比较干涩，并不能引起读者什么共鸣，然而我觉得这些才是竞赛带给我的终身的财富。

认识自己

我认为高中学习很重要的一点就是要学会认识自己，正所谓“知己知彼，百战不殆”。这个“认识自己”可以有很多种理解方式，比如从宏观的方面说，我们应当清楚自己喜欢什么科目；自己的思维习惯是怎样的，是擅长逻辑分析还是更有想象力；自己高中阶段的目标是什么；自己理想的大学是什么等。

我先拿自己举个例子。我在刚进入高中的时候被分到了学校理科实验班中更侧重高考的一个班级中，在高一的上半学期，这个高考班团结紧张而又不失活跃的气氛让我感到很惬意，每次考试都能名列年级前列。在学期结束我们学校实验班之间进行高考和竞赛的重新选择时，我只是抱着一种挑战自己的态度，和其他几位同学选择转到了竞赛班。

在竞赛班里，每个同学都有自己的安排和计划，在作业、时间管理等方面都非常自由，这让习惯了“并肩战斗”感觉的我很不适应。新同学的陌生也让我时常想念原来的班级。于是在整个学期中一种患得患失的心态时常困扰着我，成绩也有所下降。可以说在这种心态的影响下，每一次让自己平静下来都是艰难的。但也就是在这一次次的自我反思中，我对自己有了越来越深的了解。现在看来，原来那个只因为不适应环境而纠结的我是幼稚而可笑的。由于自己没有整理好心态，从而使外部环境的变化变成了本不该有的困扰。后来每当我有转班的念头时，我都会告诉自己：“我高中最主要的目标是上一个理想的大学，那么实现目标的最有把握的方法就是通过竞赛保送，其他事情都不应该成为羁绊。既然自己已经走了这么远，就应该继续坚持下去。”

经常能听到有同学抱怨作业太多、学习压力大、生活十分无

趣等。面对这些问题，我觉得或许每一位高中生都需要重新审视一下自己，问问自己上学是为了什么，自己理想的大学是哪所，为了实现这些目标又应该付出怎样的代价。我们应当时刻清楚这些问题的答案，才能在十分紧张而又略显枯燥的学习生活中充满动力。

“认识自己”也可以很具体，其实就是要在平常的学习生活中对自己学习的状态、知识掌握的情况等保持一个清醒的认识。比如一堂物理课下来，我们应该花两分钟想一想自己哪些知识听懂了，哪些知识或题目还不是很明白。对于那些不明白的地方，自己是课下再研究，争取弄清楚，还是再去问问老师。如果在做作业的时候还是对相关的技巧等不太熟练，是否应该再找几道相关的习题进行练习。又如，我们不仅要清楚自己哪一个科目或者某一科目的哪一部分处于劣势，还要进一步弄明白自己为什么感觉有困难，是基础知识不过关，练的题目太少，还是缺乏总结。然后制订一个计划，有针对性地解决这些问题。

在这个问题上，我的数学老师经常拿错题本举例子。可能很多同学都有一个错题本，喜欢把自己做错的题记录到错题本上方便自己复习用。但是对待一道错题，我们不应该把它抄到错题本上就算完成任务了。我们应该想清楚这道题包含了哪些知识点，自己做的时候为什么做错了，给自己以后做这样的题留下了什么经验，甚至可以写两句心得，在错题本上把相同类型的题归到一类。这样，错题本才算发挥了它的作用。如果只是杂乱地把错题抄到本子上，考试前拿出来漫无目的地翻一遍，可能不会有太好的效果，反而浪费了不少时间，得不偿失。

可能“认识自己”这个小标题不是特别合适，我只是想告诉学弟学妹们，与小学、初中不同，高中学习是一个独立的过程，老师不会再为你把一切都规划好，只是起引导的作用。学习的方方面面、时时刻刻都需要我们自己用心。高中的学习生活非常紧张，知识环环相扣，所以在学习的过程中更需要我们保持头脑清醒。如果不是这样，对于学习自己将一直是心存迷惑、浅尝辄止，等到某次大考才意识到自己的问题时，跟别人可能已经有了一段差距。只有将自己的一切处理得井井有条，才能在考试、作业等各种各样的压力面前保持从容。每个人都不相同，找出问题，并用自己的方法制订计划将其一步一步地解决，是让自己很有成就感的事情。对于我来说，这或许是学习过程中最大的乐趣。

行动起来

下面想说一说行动的问题。我们在制订了计划之后，一定要保证按计划执行。这样的反面例子不少，比如某一天我们决定要开始记数学笔记，或者是整理化学的知识点，或者是要每天摘抄一些语文的优美词句。开始的两三天一般都会坚持得很好，可能后面就逐渐地开始觉得麻烦，或者总是因为有事而坚持不下来，最后的结果就是不了了之。像这样只有三分钟热度的也许还有考试失利后要好好学习的热情，以及一份详细到几点干什么的假期每日作息计划等。当然我相信一定有很多同学能够坚持完成这些，我也曾体会到一本详尽的数学笔记在复习时有多么珍贵，一个执行得很好的学习计划对改善自己对于某一块知识的掌握情况有多大帮助。总而言之，如果你决定去做一件有意义的事，那么最好不要因为怕麻烦，懒得去做就半途而废。

在高三时有一个班的班训只有两个字——“落实”，而这也是我们班主任总对我们强调的。其实意思很简单，就是课下要认真完成作业，把上课老师讲的每一个知识点都弄懂记牢。课本上的知识公式其实并不太多，但只有在做题、记忆等“基本活儿”上下足了功夫才能打好基础。如果上课听得一知半解，下课做作业又是敷衍了事，那么到考试的时候一定会漏洞百出。这种走马观花式的学习是不可取的。我不知道对“落实”二字还要做怎样的解释，虽然没说多少，但它确实非常非常重要。

说到这里，我认为我们班的班训“用行动带动状态”也很值得一提。还是拿我自己举个例子吧。高三上半学期的9月份，我已经考完了竞赛，除了省队的同学以外其他人都要回班复习。这是我有些迷茫的一段时间，对于没有进入省队有些遗憾，对于保送生考试几乎一无所知，对于高考复习的快节奏也有些不适应。总之就是状态不是特别好。有一天班门外那句班训跃入我的眼帘，然后像是脑海中擦出一点火花一样，我突然觉得这句话很有道理，值得一试。于是我尝试给自己制定了很多要完成的任务，在学习时把一些不快的想法“硬生生”地从脑海中抹掉，甚至读书时都会“强迫”自己把目光限制在书页之间，一字一句地去看那些原来我可能不耐烦看的内容。这种做法让我在很短的时间里适应了高三复习的节奏，很快地补回了那些由于准备竞赛而落下的知识。

其实各种因素造成的学习状态起伏都是很正常的现象，我们可能做不出难题、背不过课文，甚至听不懂老师讲课，而且由此带来的负面情绪可能会进一步影响自己的状态。然而“用行动带动状态”这句话或许可以启示我们，与其花很多时间恼怒、抱怨，并让不好的状态一次又一次地破坏自己的心情，不如放平心态开始行动，用平静的学习过程消磨心中的戾气，让自己慢慢地回到正轨。

以上就是我想要向学弟学妹们介绍的自己认真思考过的几点经验，同时也算是对自己高中生活的一个总结。一直觉得高中的学习生活最重要的是自己的体会，所以并没有全面总结一些条条框框的学习方法，而是重点介绍了不少自己的亲身经历和感受，希望能和你们产生一些共鸣。

最后，祝愿学弟学妹们能珍惜宝贵的高中时光，实现自己的理想。

漫谈学习经验与方法

姓　　名：蒋　智
录取院系：物理学院
毕业中学：湖南省长沙市长郡中学
获奖情况：第29届全国中学生物理竞赛（省级赛区）一等奖、全国决赛一等奖

信念是人生的思想支柱，它始终使人处于一个清醒的状态，就如同茫茫大海中的灯塔，为人生的航船指引航向。坚定的信念，为构建自己强大的心理提供了基石，使自己即使身处挫折之中，也不会退缩、放弃；在自己情绪低迷的时候，提醒着自己该做的事，该继续的梦。具备了永不屈服的信念的人是强大的，因为他虽然可能会失败，但是永远不会被打倒。

收到北大录取通知书的时候，我非常激动。选择北大，让我拥有了在巍巍博雅塔下、融融未名湖畔求学的机会，为我提供了一个与更多同学交流学习的平台，更为我提供了一个追求自己人生理想的平台。喜爱北大，因为她爱国、进步、民主、科学的传统让我深深迷恋，她勤奋、严谨、求实、创新的学风使我感受颇深。来到这里，我有一种自豪感，我为自己能踏入这方神圣的土地而高兴，但更多的是一种庄严的使命感，不仅要为自己努力，更应为祖国的未来及现代化建设而奋斗。回想自己高中的学习经历，充满了奋斗的汗水，在这与大家分享一些学习方法和经验，也希望学弟学妹们能从中找到一些适合自己的方法。

明确学习目的

我们每个人从出生的那刻开始，就在不断地接受新东西，也就是学习，这是我们都会经历的。学习的内容包括文化知识和人

生阅历两个方面，我们所指的学习大都是指前者，即学习文化知识。首先我们要明确的是学习是为了什么。我的家在乡下，家庭条件不是很好，从小大人们常教导我说要好好读书，这样长大才能有出息，才能找到好工作。而小时候的我也带着这样一种心态来学习。为了能在长大后走出农村而努力学习，这是我最初的学习动力，也是我求学生涯奋斗的起点。

初中时我考上了县里最好的中学，接触的东西更多了，也结识了更多的同学。那时我有一个习惯，对我今后的学习与生活影响颇大，那就是我喜欢在周末抽出一下午的时间泡在书店或者阅览室里。在那里我翻阅了大量的图书以及资料，让我见识到了很多课堂之外的知识。对我影响最深的是我了解到了很多数学家及物理学家的故事，还有一些有趣的自然现象。强烈的求知欲包围了我，让我深陷其中，不能自拔。那段时光培养了我对大自然的好奇心，以及对科学的热爱。其实对世界的探寻本是人类的本能，这种本能渐渐代替了我最初的学习动力，成为我奋力求取知识的基石，一直影响我到现在，对真理的追求永远会成为我学习的一部分。

升入高中，我进入到湖南省最好的高中——长郡中学学习，在这里度过了高中三年最难忘的时光，当然，高中的学习是艰苦的，里面夹杂着很多汗水与泪水。但是随着年龄的增长，我也变得更加成熟，开始将自身的学习与祖国的兴旺发达联系起来，为中华之崛起而读书。为祖国的发展贡献自己的力量，也自然成为我努力学习的目标。

学习应具备的心理

都说兴趣是最好的老师，我也如此认为，因为兴趣是好奇的源泉，有了兴趣，我们才会不自觉地投入精力深入到学习之中。虽说学习很苦，但苦中更带着乐趣。只有充满了对学习的兴趣，我们才能体会到其中的快乐：每当解出一道难题，我会欢呼雀跃；每当学到一种新方法，我会激动不已；每当学到新的知识，我都会为其中的奥妙而赞叹。这种喜悦，只有沉浸在学习之中，才能体会得到。勤奋也是学习中必不可少的。勤学如春起之苗，不见其增，日有所长；辍学如磨刀之石，不见其损，日有所亏。古人悬梁刺股、凿壁偷光才得之成就，人生在勤，不索何获。无数事实证明只有勤奋的人，才能够成就事业，实现个人的人生理想。所以，勤奋学习是我们都必须具备的学习品质。

同时，我们也需要具有强烈的自信和坚定的信念，有“长风破浪会有时，直挂云帆济沧海”的气概。要做成事，首先应该相信自己的实力，给自己信心，只有具备了必胜的信念，才能更好地激发自身的潜能，完成自己的预期目标。“有志者，事竟成，破釜沉舟，百二秦关终属楚；苦心人，天不负，卧薪尝胆，三千越甲可吞吴。”信念是人生的思想支柱，它始终使人处于一个清醒的状态，就如同茫茫大海中的灯塔，为人生的航船指引航向。坚定的信念，为构建自己强大的心理提供了基石，使自己即使身处挫折之中，也不会退缩、放弃；在自己情绪低迷的时候，提醒着自己该做的事，该继续的梦。具备了永不屈服的信念的人是强大的，因为他虽然可能会失败，但是永远不会被打倒。强大的人，内心总是坚强的，因为他具有坚定的信念。

竞赛学习的方法与经验

我是学习物理竞赛的，进入省队后被保送到北大，在学习竞赛方面也有一些方法和经验与大家分享。竞赛的学习与高考的学

习不同，它是一种难度更大而且要求更高的学习，所以培养的是我们更高的学习能力与素质。学习竞赛需要很高的自觉性，因为竞赛不像高考的课程一样，每天有老师上课、布置作业以及讲评，它更多的是需要我们自主学习，所以在这种情况下自觉的重要性就尤为突出。有些同学的自觉性不是很强，在学习的过程中不怎么专注，这样学习效率不高，而且效果也就不甚理想了。自学能力的培养也很重要，学习竞赛，除了掌握高中内容以外，还要学习很多课本之外的知识，这就需要我们具备一定的自学能力，自主去学习，所以自学能力强的同学一般会学得更多、更快。说到学习，我们都是在接受前人总结出来的经验，但是我们不能仅仅停留在接受的这个水平，应该多动脑，勤创新，勇于探索，不断发现新的东西。在竞赛中，学习具体表现为自己出题目，让自己来解决，以培养自己解决问题的能力。譬如学习了牛顿万有引力公式，学习了球体对一个质点的万有引力，那我们就可以想想半球及半球壳对球心的引力，甚至是一条均匀圆弧对圆心一质点的万有引力。或许这些问题对于现在的我已经不再具有难度，但是对于刚刚接触万有引力的同学来讲，还是有一些技巧性与思考价值的。每当学到一些新的知识时，我都会使用这个方法给自己出一些问题，然后不断解决，这使我对每个知识点掌握得很透彻。其实学习的过程就是一个提出问题和解决问题的过程。

时间很有限，这时我们就需要提高自己的学习效率，才能达到更好的学习效果。要尽量做到学习时专注，心无旁骛，不被外界干扰。自己也应有明确的学习计划与目标，甚至应精确到每天所要完成的任务，这样才能提高学习效率。

做题也是竞赛、学习中一个必不可省的环节，做题能使我们巩固所学到的知识，保持良好的“手感”。我们需要做适当的题目，而不是盲目做题，每做一道题就要想一想，这道题所用的方法和思想是怎样的，相同类型的题目该怎么做，这样才可以达到举一反三的效果。我们追求的是做题的质量，而不是做题的数量。有些同学做了很多题目，看他每天的学习就是沉浸在做题中，结果学习效果却一直不好，所以不能一味地追求做题的数量，而应该要求自己把每道题都做好，都有收获。解题也要注意一定的策略，遇到简单的题目，我们不要轻视它，耐心去做，争取把它做对；遇到难度大的题目，应该独立思考，这是应具备的很重要的能力，等自己思考不出来了，再看看提示，接下来顺着它的思路进一步思考。总之，要多想、多思考，当通过自己的努力做出一道难题时，是一件特别值得高兴的事。如果经过努力没做出来，再看看答案，从中学习一些方法，以便遇到类似的题目再灵活运用。

计算能力的培养是非常重要的一个方面，学习竞赛本身就是解决问题的过程。做一个题目时，我们经过思考之后得出了方法，但是却在计算的过程中出现了错误，导致整个题目拿不到满分，这是非常可惜的，所以计算能力至关重要。计算能力的提高需要我们多做练习，每道题目都应该认真对待，这是一个逐步积累的过程，当然不可能通过一两天就提上去。

学习并不是为了考试，但是考试却是检验我们学习成果的非常重要的方式，下面介绍一些考试的方法。

对于平时的小考，应该认真对待，因为小考是对一个知识章节或一段时间学习的检验，通过这种考试最能发现自己存在的一些问题，并且做出相应的改进。但我们并不需要把每次的小考看得太重，因为它并不会决定什么，我们针对每次小考，只要把它当作一次小小的测试，尽自己的努力去沉着应对就可以了，只要每次都收获一点，一天天积累起来，就会实现实质性的突破。

在面对大型考试的时候，我们也不必紧张与急躁，有些同学把它看得太重，甚至当成是人生中的一个转折，这就无形中给自己施加了压力，增加了自己的心理负担，以这样的心理参加考试，当然很难发挥出自己应有的水平，很难取得理想的成绩。只要自己平时学习用功了，考试前调整好自己的心态，有足够的自信，必定能发挥自己应有的水平，取得令自己满意的成绩。我在参加物理复赛之前的一天并没有像其他人那样还在拼命地做题，我只做了一套模拟试题，而把剩下的时间用来回顾自己之前的经历与付出的艰辛，这给予了我很大的力量去接受第二天的挑战，然后我把第二天考试应注意的事项写下来，以便自己能从容处理突发状况。

我觉得还应该注意的一个方法是要多总结，每个月总结，每个星期总结，甚至每天都要有一个小结。总结是对自己一段时间内学习成果的回顾，能够使自己清醒地认识到自己所处的位置，使自己能不断调整，处于最佳的状态。总结分为对做过的题目的总结和对学习状态与效果的总结。对题目的总结，我们可以把做过的题目中做错的或者是用到很巧妙的方法而自己没有想到的题目总结起来，并且在后面可以添上自己的心得与体会，这也是一个积累的过程，能使自己不再犯同样的错误，并且在积累的过程中学到更多的解题方法与技巧。对学习状态与效果的总结，包括对考试时心态的总结，以及对自己一段时间内的学习状态的总结。状态好的时候要继续保持，而状态低迷的时候要时刻提醒自己不断进行调整。良好的学习状态是保证我们持续学习的基础，也是不断提高自身学习效率的保障。等以后回过头来看看自己的总结，这里记录了自己成长起来的轨迹以及每个时间段的学习状态，不也是一件非常惬意的事吗？

学习——坚持才能胜利

学习是一个漫长而艰苦的过程，需要坚持不懈的恒心与坚韧不拔的毅力。俗话说，坚持就是胜利，学习也不例外。学习竞赛也需要坚持与积累，“千里之行，始于足下”，每天进步一点，积累起来，就是巨大的飞跃，每天学习一点，积累起来也就有了质的进步。所以最后坚持下来的人，才是会取得胜利的人。

学习的过程并不总会一帆风顺，也会存在各种各样的困难与挫折，学习任务的繁重、考试成绩的失意，都会让我们感到疲惫与压力。这时我们应该适当地调整自己。每个人总有情绪低落的时候，这是不可避免的，不要责怪自己，需要做的只是不断地调整，使自己的学习状态好转，走出低落的情绪。当自己心情不好时，我们可以先放下手中的笔，可以听会儿音乐、看一篇优美的散文或者总结一下自己前一段时间的学习情况，做一个深刻的反省。这些都能让自己静下心来，使自己的心态得到调整，然后走出情绪的低谷，重新振奋精神，继续奋斗。

身体是革命的本钱，一个强健的体魄是搞好学习的保障，所以我觉得体育锻炼也是非常重要的。甚至在复赛的前一个月，我也不忘每天和同学抽出半个小时打打球、跑跑步。不要以为这是在浪费时间，运动能提高我们的学习效率，效率上去了自然就学得好。所以，大家在紧张的学习中也不应该忘记锻炼。

感恩父母

其实在知道自己被保送的那一刻，我最想做的就是感恩父母，正是因为他们的辛勤付出，才使我取得了今天的成绩。虽然我的家在乡下，但是我的父母还是把我的教育放在第一位，不像

其他的家长等子女上完初中就让他们去打工。而且我父母的眼光很长远，将我送到外面的大城市去求学，这使我接触了很多外面的东西，接受了更多优质的教育，使我的视野开阔了许多，也更大地激发了我的潜力。所以家庭环境与父母的支持也是非常重要的。

总结了这么多，也希望自己的方法能对学弟学妹们有所帮助。学习方法因人而异，适合自己的就是最好的。我们应在学习的过程中不断摸索属于自己的学习方法。

一生的财富

姓　　名：常雅玲
录取院系：法学院
毕业中学：安徽省阜阳市第三中学
获奖情况：安徽省级优秀班干部

上课时，我会认真听讲，重点听老师反复重复的知识点和预习中有疑问的地方；不因为记笔记而耽误上课。但课后我一定会整理、完善笔记。上课之前和课刚结束时，我都会花两分钟时间浏览一遍笔记，这样能够快速复习抓重点，知识在脑中就更清晰明了。

十年寒窗，道阻且长。无数个日日夜夜的艰苦奋斗后，梦想之树终于在今日开出成功之花，在今年的高考中，我以优异的成绩考入北京大学法学系。欣喜之余，也感慨良多。

回顾这些年的求学历程，生活的困难、求学的艰辛历历在目。小时候我是个天真快乐的小女孩，家庭美满，生活幸福。然而初中时生活却来了个大转弯，酸甜苦辣咸五味杂陈就此进入我的世界。初一时我妈妈在河北打工，不慎从二楼摔下，造成腰部脊椎压缩性骨折，需要长期治疗和卧床休养。那时妈妈承受着巨大的身体压力和精神压力，难眠的深夜我经常听到她极力想隐忍却无法闷住的、充满着痛苦和绝望的呻吟。尽管妈妈为了省钱不断地减少昂贵的止痛剂的用量，高昂的医疗费还是花光了家中的积蓄，一家四口人的生活重担落到了爸爸一人身上，而我和弟弟还要上学。不久妈妈的腿又患上了骨膜炎，多方治疗了5个月才痊愈，这更使家中负债累累。祸不单行，那一年春节前的一天晚上，在外地打工的爸爸在回家的路上遭劫，为了护住辛苦了一年挣来的血汗钱和我们一家人的过年费，他的头部受到重创，父亲

的生命、身上携带的钱财连同我们一家人的欢笑都在那个雪夜中一去不返了，只留下了一笔债务。这噩耗如晴天霹雳，给我的家庭以致命一击。妈妈整个人都快崩溃了，就像患了精神病一样，每天都不知道自己在什么地方。从此后，我们再也没有过一个像样的春节。

经历了这么多事，我和弟弟一夜之间像是长大了很多。作为家中的长女，我一边安慰妈妈好好生活下去，鼓励弟弟好好学习，一边暗下决心一定要学出最好的成绩，用知识改变命运，用学习成就未来。每晚我都会学习到十点甚至十一点，每一个知识点我都认真预习、学习、复习，每一天我都不荒废，这使得我的成绩在班中始终名列前茅。生活上我们省吃俭用，从不乱花一分钱。我和弟弟就像两棵营养不良的豆芽菜，在夹缝中挣扎成长。

上高中后生活依然清贫，但我认为每顿只吃七分饱的日子很能磨砺人的意志。我一直认为能克制食欲是自制力强的表现。如果一个人能够克制自己的食欲，那么还有什么做不到的呢？那他就一定能克制自己的其他欲望而专注于自己的学习。此外，科学也证明七分饱状态下人的学习状态最好。处在青春期和成长转折期的高中学生如果在思想上能抛却情感、社会娱乐、网络等的影响，单纯地投入到学习中，并有毅力坚持到底，其潜力无限。但这不是提倡像书呆子一样学习。关注时事和社会新闻、广泛阅读、参加活动、多加运动不仅可以提升全面素质，很多时候还可以调节学习状态，或者直接转化为学习素材，更有助于学习。我很喜欢打羽毛球、篮球和跑步，高三一年每节课下课我都会第一个抱着球拍冲出去，有时下午放学后我会到操场跑步，心情不好了，跑跑就释怀了。曾经一口气跑了十几圈，跑完后就自信满满，感觉连这个我都做到了，其他的还有啥我做不到的！此外，我也一直坚持阅读报纸、杂志，以便开阔视野、增长见识。

高中时我更加注重改进学习方法，提高学习效率。在每天的学习中，我非常重视预习、课堂学习、复习三道程序。预习时，我会浏览课文，找出重点，记住基础知识（比如英语单词、数学公式等），标注出不明白或有疑问的地方，并完成部分课后习题。上课时，我会认真听讲，重点听老师反复重复的知识点和预习中有疑问的地方；不因为记笔记而耽误上课。但课后我一定会整理、完善笔记。上课之前和课刚结束时，我都会花两分钟时间浏览一遍笔记，这样能够快速复习抓重点，知识在脑中就更清晰明了。每天晚上睡前、每周周末、每月月底我都会进行阶段复习，我发现列提纲和专题知识串联复习的方式更有利于知识的记忆和理解。我一直都用专门的本子来记或剪贴有价值的错题、经典题和常用术语，并且经常翻看以前做过的试卷和题目，根据题目和答案总结规律，补充笔记。在高三试卷和资料太多而时间太少的情况下，我都是剪贴题目精华，剩下的“糟粕”便彻底抛弃。我也从不浪费一分一秒，上厕所、排队买饭、上学放学路上我也会带本笔记背背或看看，取得了很好的效果。

学得好不一定考得好，应试技巧（审题、书写、答案组织）、考试状态和心态也很重要。我的字原来一直都是张牙舞爪型的，但是在认真的态度和刻意的练习下，在高三时就变得规矩整齐、舒适认真、让人一目了然了。我在做语文和文综主观题时一定会分点答题，标清序号，重点在前。我经常会提醒自己认真审题，及时检查，以免犯马大哈的错误。

我觉得考前不能疯玩，要保持良好的学习状态和应试状态。看过一个实验，被测试者被分为三组回答完全相同的题目：第一组答完问题就算了事，无任何奖励；第二组答对了奖励 100 元；第三组答题速度能刷新纪录者，奖励 2000 元。实验结果证明，第二组被测试者成绩最佳。由此可见，过于强大的动机与没有动机

一样，会给成绩带来反面影响。

在过程中，或许我们不应该抱有太多的幻想与期待，结果难定，何必早早地花费太多时间去猜测揣摩担忧？但这并不是鼓励“无为而治”，只有一心一意地去做好每一件事，才可能会有理想的结果。结果出来后，或许我们不应该太伤心、苦恼，因为过程的意义不只是结果，即使你的努力没有转化为直接的成功，它也在一定程度上充实了你的生活，给了你历练。并不是每个成功的人都会得到别人的尊重，但是坚持不懈、全力拼搏的人往往会是最值得尊重的人。而这样的人最终一定会成功的，失败只是成功的前奏，只是为了使结果更震撼人心……以平常心对待一切，坚信如果将过程做到了完美，结果就一定不会辜负我们的努力。事实也正是如此。

在我读高三时，弟弟因为经济压力和精神压力离校出走，最终辍学。高考前一个月，母亲的脚骨又受伤劈裂，至今仍无法正常行走。这些事和我的出身、父亲的死一样，都是木已成舟，无法更改的了。忧愁不能改变结果，唯有自强、奋斗才能开辟新天地。

总觉得长大是一瞬间的事，和亲友一起走过的路，一些共同做过的事，一种熟悉的心情，在眨眼间似乎有了些不同的意味。生活中已习以为常的事突然停止，像是被摔裂的西瓜的断面，即使再合上，也已不是从前。生活并不会遵从某个人的愿望，改变随时会发生，但积极地面对改变却会让我们发现更好的“奶酪”，不管我们是否意识到，新的“奶酪”总是存在于某个地方。我终究要一个人走，离开父母，离开朋友，离开故乡，面对我所面对的，承受我所承受的。我的问题终究要我自己去解决。一个人首先面对的是自己，最终面对的仍是自己。我必须对自己负责，必须接纳自己。既然选择了远方，就得风雨兼程。“衣带渐宽终不

悔，为伊消得人憔悴。”这是一个人的战役。在行走中，得依靠自己。

无论如何，我相信我走过的每一步路都不会背叛成长，无论现在，还是未来，都是我走向成熟的必修课。相信生活，并坦然面对吧。这些烙印是我们一生的财富。